lonely planet

TENERIFE

EN QUELQUES JOURS

Josephine Quintero

Dans ce guide

L'essentiel

Pour aller droit au but et découvrir la ville en un clin d'œil.

Les basiques
À savoir avant de partir

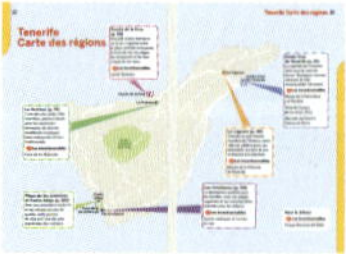

Les régions de l'île
Se repérer

Explorer Tenerife

Sites et adresses quartier par quartier.

Les incontournables
Pour tirer le meilleur parti de votre séjour

100% tinerfeños
Vivre comme un habitant

Tenerife selon ses envies

Les meilleures choses à voir, à faire, à tester…

Envie de…
Le meilleur de Tenerife

Carnet pratique

Trucs et astuces pour réussir votre séjour.

Hébergement
Une sélection d'hôtels

Transports et infos pratiques

Notre sélection de lieux et d'adresses

Voir

Se restaurer

Prendre un verre

Sortir

Shopping

Légende des symboles

- Numéro de téléphone
- Horaires d'ouverture
- Parking
- Non-fumeurs
- Accès Internet
- Wi-Fi
- Végétarien
- Familles bienvenues
- Animaux acceptés
- Bus
- Train
- Bateau
- Métro
- Tramway

Retrouvez facilement chaque adresse sur les plans de quartiers

Tenerife En quelques jours

Les guides *En quelques jours* édités par Lonely Planet sont conçus pour vous amener au cœur d'une paysage.

Vous y trouverez tous les sites à ne pas manquer, ainsi que des conseils pour profiter de chacune de vos visites. Nous avons divisé l'île en régions, accompagnés de plans clairs pour un repérage facile. Nos auteurs expérimentés ont déniché les meilleures adresses dans chaque ville : restaurants, boutiques, bars et clubs... Et pour aller plus loin, découvrez les endroits les plus insolites et authentiques dans les pages "100% tinerfeños".

Ce guide contient également tous les conseils pratiques pour éviter les casse-tête : itinéraires pour visites courtes, moyens de transport, montant des pourboires, etc.

Grâce à toutes ces infos, soyez sûr de passer un séjour mémorable.

Notre engagement

Les auteurs Lonely Planet visitent en personne, pour chaque édition, les lieux dont ils s'appliquent à faire un compte-rendu précis. Ils ne bénéficient en aucun cas de rétribution ou de réduction de prix en échange de leurs commentaires.

L'essentiel 7

Explorer Tenerife 21

Vaut le détour :

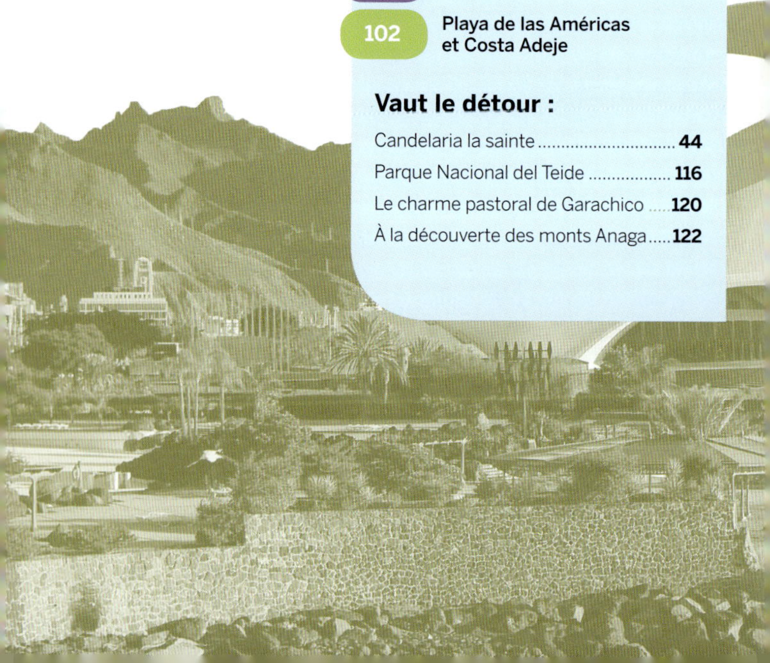

Tenerife selon ses envies 125

Envie de...

Carnet pratique 143

2
1
CORPUS CHRIS

L'essentiel

Bienvenue à Tenerife

Connue pour les stations balnéaires de sa côte méridionale, Tenerife a pourtant bien plus à offrir que le farniente sur la plage. Vous découvrirez d'autres facettes de l'île en explorant ses paysages volcaniques, ses cités coloniales ou ses musées. Les restaurants raffinés et les bars de quartier, les fameux *tascas* où quelques mots d'espagnol sont indispensables pour commander un verre, ouvrent une autre porte sur la vie des Tinerfeños.

La Orotava (p. 76)
DESIREE MARTIN/AFP/GETTY IMAGES ©

Tenerife
Les incontournables

Parque Nacional del Teide (p. 116)

Point culminant des Canaries mais également le plus haut sommet d'Espagne, le Pico del Teide (3 718 m) constitue, avec le parc national qui l'environne, inscrit au Patrimoine mondial, le point fort de toute découverte de Tenerife.

Museo de la Naturaleza y el Hombre (p. 24)

Outre des collections portant sur l'histoire naturelle, l'archéologie et l'anthropologie, ce musée de Santa Cruz aborde le peuplement de l'île avec des expositions sur les Guanches, les premiers habitants de Tenerife.

Tenerife Espacio de las Artes (TEA) (p. 26)

Le plus grand musée d'art contemporain de Santa Cruz occupe un bâtiment ultramoderne qui expose les œuvres du Canarien Óscar Domínguez et met l'accent sur le documentaire social et les présentations audiovisuelles.

Museo de la Historia de Tenerife (p. 48)

Le centre historique de La Laguna renferme des demeures des XVIIe et XVIIIe siècles, tel le Museo de la Historia. Ces édifices se distinguent par leurs façades colorées et leurs balcons, typiques de l'architecture canarienne.

Jardín Botánico (p. 62)

Puerto de la Cruz compte plusieurs oasis de végétation, parmi lesquelles ce luxuriant jardin botanique. Créé en 1795, il renferme plus de 1 500 espèces tropicales, des végétaux issus du monde entier qui témoignent de sa longue et riche histoire.

HOLGER LEUE/GETTY IMAGES ©

Casa de los Balcones (p. 78)

La Orotava est considérée comme l'une des plus remarquables cités de l'île. Cette demeure de toute beauté, dont la construction remonte au XVIIe siècle, constitue un excellent exemple de l'architecture coloniale de la ville.

KAY MAERITZ/LOOK-FOTO/GETTY IMAGES ©

Mercado de Nuestra Señora de África (p. 28)

Ce charmant marché de Santa Cruz regroupe de nombreux stands. C'est l'idéal pour faire le plein de produits régionaux : liqueur de banane, herbes aromatiques ou pain frais.

JUERGEN RICHTER/LOOK-FOTO/GETTY IMAGES ©

Sports nautiques (p. 92)

Oubliez les parcs à thème coûteux et artificiels, et choisissez la mer : l'eau est chaude, le soleil a toutes les chances de briller et de multiples activités nautiques s'offrent à vous, sans compter les sorties au large pour aller observer dauphins et baleines.

100% tinerfeños
Vivre comme un habitant

Conseils d'initiés pour découvrir le vrai Tenerife

Pour vous immerger dans la vie locale, partez dans les rues à la découverte des plaisirs authentiques de Tenerife, ses marchés du petit matin, ses rues commerçantes chics, ses places ombragées et ses fruits de mer fraîchement pêchés.

Le charme traditionnel de Santa Cruz (p. 30)

- Boutiques à l'ancienne
- Cuisine de qualité

Santa Cruz est une cité canarienne typique. Ceux qui sont fatigués des souvenirs bon marché et de la cuisine internationale sans âme trouveront ici de nombreuses petites boutiques familiales et des restaurants servant des spécialités qui fleurent bon la cuisine des îles.

Candelaria la sainte (p. 44)

- Traditions religieuses
- Produits de la mer

Avec ses boutiques et ses restaurants de fruits de mer, cet extraordinaire village côtier, dominé par une imposante basilique dédiée à la Vierge, accueille un flot continu de pèlerins.

Circuit gourmand à La Laguna (p. 50)

- Marchés gastronomiques
- Bars animés

Les marchés font partie intégrante de la vie quotidienne à La Laguna et les bars sont au cœur de la vie nocturne. Découvrez-les au cours d'une journée qui se prolongera tard dans la nuit.

Découvertes marines (p. 64)

- Port et vie maritime
- Terrasses avec vue sur l'océan

Ancien village de pêcheurs, Puerto de la Cruz a conservé une forte tradition maritime. Venez profiter de ses excellents fruits de mer et de son port pittoresque.

Tascas et artisanat intemporels (p. 80)

- Artisanat
- Tascas (bars à tapas)

Admirez les édifices coloniaux de La Orotava, son artisanat et ses *tascas* épargnés par le temps.

Les coulisses de Los Cristianos (p. 94)

- Bourg traditionnel
- Boutiques indépendantes

Le centre ancien de Los Cristianos a conservé son atmosphère de petit port de pêche, ses bars à tapas sans prétention et ses échoppes pleines d'originalité.

La Basílica de Nuestra Señora de Candelaria (p. 45)

Le charme pastoral de Garachico (p. 120)

▶ Patrimoine
▶ Culture

Mêlez-vous aux habitants sur la jolie place de ce village préservé, avant d'explorer ses ruelles à la découverte du patrimoine local : couvent, *castillo* et artisanat.

À la découverte des monts Anaga (p. 122)

▶ Hameaux isolés
▶ Randonnées en montagne

Loin de l'effervescence de la côte, cette région montagneuse recèle des coins secrets à découvrir, en premier lieu des *pueblos* où vivent une poignée d'habitants. Vues époustouflantes en prime !

Puerto de la Cruz (p. 60)

Autres lieux pour vivre le Tenerife des Tinerfeños :

Tenerife en 4 jours

1er jour

Cette journée commence dans la capitale, Santa Cruz, avec un petit-déjeuner à la **Cafetería La Terraza** au cœur du **Mercado de Nuestra Señora de África** (p. 28). Pour en apprécier toute l'ambiance, flânez parmi les étals, puis gagnez le **Museo de la Naturaleza y el Hombre** (p. 24), non loin, pour découvrir l'histoire ancienne de l'île, avant d'aller explorer les boutiques de la **Calle Castillo** (p. 31) et des rues voisines.

Prenez un jus de fruits frais au **Bar Zumería Doña Papaya** (p. 40), puis déjeunez au **Gom** (p. 39), réputé pour sa cuisine canarienne pleine d'inventivité. Allez voir ensuite les sculptures et les plantes tropicales du charmant **Parque García Sanabria** (p. 34). Revenez dans le centre-ville et prenez le tramway jusqu'à **La Laguna** (p. 46), où vous passerez l'après-midi à admirer les sites et les magnifiques bâtiments coloniaux.

À l'heure du dîner, allez grignoter des tapas et prendre un verre au **Mercado de San Pablo** (p. 51), puis plongez dans l'atmosphère joyeuse du *barrio* (quartier) étudiant d'**El Cuadrilátero** (p. 51), avec ses nombreux bars et clubs.

2e jour

Levez-vous tôt et partez au sud pour Puerto de la Cruz. Sur le port, mêlez-vous aux pêcheurs pour déguster une *tostada con aceite* (tartine à l'huile d'olive) et un café au **Bar La Muelle** (p. 64), en contemplant les bateaux. Explorez le centre et faites une pause-café et gâteau en milieu de matinée à l'**Ebano Café** (p. 73), avec vue sur la jolie église. Si le temps le permet, piquez une tête dans le **Lago Martiánez** (p. 69), avant de vous offrir un déjeuner sain et léger à **El Limón** (p. 72).

Après votre repas, visitez le merveilleux **Jardín Botánico** (p. 62), puis quittez Puerto de la Cruz en direction de la superbe ville coloniale de La Orotava, où vous consacrerez quelques heures à l'exploration du centre historique, du **Museo de las Alfombras** (p. 85) et des **Jardínes del Marquesado de la Quinta Roja** (p. 83).

Passez acheter quelques souvenirs à la **Casa de los Balcones** (p. 78), avant d'aller dîner au **Tascafe Grimaldi** (p. 88), dans le cadre XVIIe siècle de la Casa Lercaro. Finissez la journée à **La Tasca de Bullicio** (p. 88), un établissement branché, apprécié des habitants pour ses cocktails originaux et ses concerts.

Votre temps est compté ?
Votre temps vous est compté ? Nous avons concocté pour vous des itinéraires détaillés qui vous permettront d'optimiser le peu de temps dont vous disposez.

3e jour

Débutez cette journée dans les charmantes rues de Garachico, sur la côte nord-ouest. Prenez un café sur la Plaza Libertad et glanez quelques informations sur l'histoire de la ville en visitant le musée du **Convento de San Francisco** (p. 121) et le **Castillo de San Miguel** (p. 121). Après un déjeuner de tapas à **Tasca de Vino** (p. 121), suivez la belle route nationale TF-82 jusqu'aux saisissants paysages lunaires du **Parque Nacional del Teide** (p. 116), dans le centre de l'île.

Passez la tête au-dessus des nuages dans ce parc national inscrit sur la liste du patrimoine mondial. Les plus intrépides entreprendront la randonnée d'une journée jusqu'au sommet du volcan **El Teide**. À défaut, empruntez le téléphérique qui vous déposera juste en dessous ou effectuez la marche autour des **Roques de García** (p. 117), inoubliable et à la portée de tous.

Reprenez la route au sud jusqu'à **Los Cristianos**. Baladez-vous sur la promenade du front de mer, offrez-vous un cocktail à **Beach House** (p. 100), puis un dîner de fruits de mer au **Rincón del Marinero** (p. 97) et rejoignez votre chambre : la journée a été longue !

4e jour

Sur le port de Los Cristianos, faites le tour des kiosques proposant des **sports nautiques** (p. 92) et des excursions en mer, notamment pour observer les baleines et pêcher. Choisissez une activité pour l'après-midi, puis mangez un copieux petit-déjeuner à **Sopa** (p. 98). Explorez la vieille ville et ses boutiques, en particulier la **Librería Barbara** (p. 101), où vous attend un excellent choix de livres (et quelques-uns en français).

Après un *menú del día* au **Restaurante Fortuna Nova** (p. 98), prenez le bus jusqu'à Playa de las Américas. Promenez-vous sur l'Avenida Rafael Puig Lluvina bordée de boutiques, trouvez une idée de sortie nocturne à l'office du tourisme, puis allez prendre le soleil et vous baigner sur la Playa de Troya.

En fin d'après-midi, assistez à un spectacle à **La Pirámide** (p. 113), avant de dîner au célèbre **Oriental Monkey** (p. 109). Ce quartier de la ville ne manque pas d'adresses où poursuivre la soirée, comme l'élégant **Papagayo** (p. 112), plusieurs pubs irlandais et des bars animés encore plus bruyants.

Les basiques

Reportez-vous au *Carnet pratique* (p. 143) pour plus d'informations

Monnaie
Euro (€)

Langue
Espagnol (castillan)

Visas
Non requis pour les séjours de moins de trois mois (ni pour les ressortissants de l'UE ou de l'espace Schengen).

Argent
Nombreux DAB. Cartes bancaires acceptées dans la plupart des hôtels, restaurants et magasins.

Téléphones portables
Les cartes SIM locales fonctionnent dans les téléphones européens. Les appareils d'autres pays doivent être paramétrés pour accepter l'itinérance.

Heure locale
Heure de Greenwich (GMT/UTC). Quand il est 14h à Paris, il est 13h à Santa Cruz de Tenerife. Les Canaries n'appliquent pas l'heure d'été.

Prises et adaptateurs
Les prises ont deux broches rondes. La tension est de 220/230V.

Pourboires
Laissez 1 € par personne au restaurant. Arrondissez le prix du taxi à l'euro supérieur.

1 Avant de partir

Budget quotidien

Moins de 75 €

- Chambre double dans un *hostal* ou une *pensión* 35-45 €
- *Menú del día* (3 plats) 7,50 €
- Visite des sites les jours où l'entrée est gratuite, généralement le dimanche
- Courses au marché pour les repas

De 75 à 175 €

- Chambre double dans un hôtel de catégorie moyenne 65-85 €
- Repas dans un restaurant correct 15-25 €
- Déplacements en bus (excellent réseau) et non en taxi

Plus de 175 €

- Chambre double dans un grand hôtel à partir de 140 €
- Repas dans un bon restaurant à partir de 35 €

Sites web

- **Lonely Planet** (www.lonelyplanet.fr). Renseignements sur la destination, forum de voyageurs et bien d'autres informations.
- **Todo Tenerife** (www.todotenerife.es). Site touristique officiel.
- **Reservas Parques Nacionales** (www.reservasparquesnacionales.es). Tout ce qu'il faut savoir pour faire l'ascension d'El Teide.

À prévoir

Trois mois avant Réservez votre hôtel, surtout dans les stations de la côte sud.

Un mois avant Achetez vos billets en ligne pour voir un spectacle à l'Auditorio de Tenerife, à Santa Cruz.

Une semaine avant Mieux vaut réserver votre passage si vous souhaitez monter au sommet d'El Teide.

2 Arriver à Tenerife

Deux aéroports desservent l'île : Tenerife Sur (Reina Sofía ; ✆922 75 95 10 ; www.aena.es), à 20 km à l'est de Playa de las Américas, et Tenerife Norte (Los Rodeos ; ✆922 63 56 35 ; www.aena.es), à 11 km à l'ouest de Santa Cruz de Tenerife.

Depuis l'aéroport Tenerife Sur

Destination	Meilleur transport
Costa Adeje	Bus TITSA (111, 450)
Los Cristianos	Bus TITSA (343, Express)
Puerto de la Cruz	Bus TITSA (343, Express)
Santa Cruz de Tenerife	Bus TITSA (107, 108)
Tenerife Norte	Bus TITSA (343, Express)

Depuis l'aéroport Tenerife Norte

Destination	Meilleur transport
Los Cristianos	Bus TITSA (343, Express)
Puerto de la Cruz	Bus TITSA (343, Express)
Santa Cruz de Tenerife	Bus TITSA (102, 107, 108)
Tenerife Sur	Bus TITSA (343, Express)

À l'aéroport

Tenerife Sur Proche des stations balnéaires de la côte sud, cet aéroport accueille la plupart des vols internationaux. Sur place : office du tourisme, salon VIP, magasins *duty free*, boutiques de souvenirs, pharmacie, kiosque à journaux, trois bars-restaurants et un marchand de glace, DAB et agences de location de voitures.

Tenerife Norte Cet aéroport, le plus ancien sur l'île, s'adresse aux touristes logeant dans la partie nord de Tenerife et aux voyageurs d'affaires. Il compte un guichet d'information touristique, une boutique *duty free*, une pharmacie, un loueur de voitures et des DAB.

3 Comment circuler

Tenerife possède un bon réseau de transports publics, composé essentiellement de bus qui rayonnent dans toute l'île et circulent également à Santa Cruz et dans d'autres villes. Pour rejoindre des destinations reculées, mieux vaut louer une voiture. Si vous vous déplacez surtout par les transports publics, l'achat d'une carte Bon Via ou Bono Bus (www.titsa.com) est un investissement judicieux. Valables dans tous les bus TITSA de l'île et dans les tramways urbains, ces cartes donnent droit à 30% de réduction sur les tarifs standard et à des remises à l'entrée de certains sites. Elles coûtent de 7,50 € (12 trajets) à 45 € (billet mensuel pour usager régulier) et s'achètent dans les gares routières et les stations de tramway, ainsi que dans certains kiosques à journaux. Plus de détails sur le site Internet.

Bus

Tenerife compte un excellent réseau de bus couvrant toute l'île. Certains bus circulent régulièrement entre les grandes villes, d'autres ne roulent que deux fois par jour pour transporter travailleurs et écoliers depuis/vers la capitale. Vérifiez soigneusement les horaires (www.titsa.com), surtout le week-end, quand la plupart des lignes assurent un service réduit.

Voiture

Tous les grands loueurs internationaux sont présents à Tenerife, où on trouve également des prestataires locaux. Pour un long séjour, mieux vaut réserver sur Internet avant votre arrivée : les petites agences, en particulier, disposent d'un nombre limité de véhicules, surtout en haute saison.

Tramway

Une ligne de tramway (www.metrotenerife.com) de 12,5 km, très pratique, relie la principale gare routière de Santa Cruz de Tenerife et l'Avenida de la Trinidad à La Laguna.

Tenerife
Carte des régions

Puerto de la Cruz (p. 60)
Une jolie station balnéaire, où la vie s'organise entre la place centrale verdoyante, le front de mer, les plages, les restaurants et les bars à tapas le soir venu.

Les incontournables

Jardín Botánico

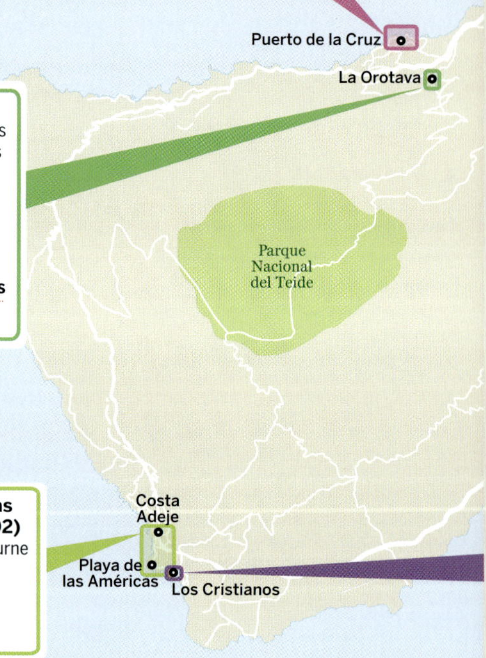

La Orotava (p. 76)
L'une des plus belles villes tinerfiñas, pleine d'atouts pour les vacanciers : demeures de charme, excellentes boutiques, bons restaurants et bars traditionnels.

Les incontournables

Casa de los Balcones

Playa de las Américas et Costa Adeje (p. 102)
Avec son animation nocturne et ses infrastructures de qualité, cette portion de côte est l'une des plus appréciées des visiteurs.

Santa Cruz de Tenerife (p. 22)
La capitale des Canaries dans tous les sens du terme ! Boutiques, bonnes adresses et sites remarquables l'attestent.

Les incontournables

- Museo de la Naturaleza y el Hombre
- Tenerife Espacio de las Artes (TEA)
- Mercado de Nuestra Señora de África

La Laguna (p. 46)
Classée au patrimoine mondial de l'Unesco, cette ville est célèbre pour ses bâtiments anciens et son ambiance estudiantine.

Les incontournables

- Museo de la Historia de Tenerife

Los Cristianos (p. 90)
La destination parfaite pour les familles, avec ses plages superbes et ses innombrables activités pour les enfants.

Les incontournables

- Sports nautiques et sorties en mer

Vaut le détour

Les incontournables

- Parque Nacional del Teide

Explorer
Tenerife

Vaut le détour

La Playa Jardín (p. 69), à Puerto de la Cruz
ATMÁN VICTOR/GETTY IMAGES ©

Explorer

Santa Cruz de Tenerife

Typiquement canarienne, la capitale de Tenerife, fondée au XVe siècle, possède un ravissant centre historique, des parcs verdoyants et des rues animées. Ses bars et ses restaurants, prolongés de terrasses, lui confèrent une atmosphère décontractée. Côté culture, la ville n'est pas en reste, avec de très riches musées et galeries d'art, ainsi qu'un auditorium à l'architecture audacieuse.

L'essentiel en un jour

Sur la **Plaza España** (p. 30, photo ci-contre), informez-vous sur les activités et sorties à l'office du tourisme, contemplez le monument tout en goûtant l'eau de l'immense bassin de la pointe du pied. Remontez ensuite la Calle Castillo pour petit-déjeuner à **Palmelita** (p. 38), avant de diriger vos pas vers l'est, vers le **Museo de la Naturaleza y el Hombre** (p. 24) et/ou son voisin, le **Tenerife Espacio de las Artes** (TEA ; p. 26).

Après la visite du **Mercado de Nuestra Señora de África** (p. 28), déjeunez à **La Llave de Las Nubes** (p. 38). Suivez la Calle Imeldo Serís en admirant le **Teatro Guimerá** (p. 36) et le **Centro de Arte La Recova** (p. 36), faites les boutiques de la Calle Castillo et poussez jusqu'à l'**Auditorio de Tenerife** (p. 34).

Prenez un cocktail au **Mag Café** (p. 40) de l'auditorium, puis sautez dans un bus pour voir le soleil se coucher sur la **Playa de las Teresitas** (p. 36). De retour en ville, rejoignez le **quartier de La Noria** (p. 40). Dînez de tapas ou optez pour un repas tardif au restaurant **Bulan** (p. 38), qui se transforme en bar en fin de soirée.

Pour une plongée dans la vie locale, voyez p. 30.

Les incontournables

Museo de la Naturaleza y el Hombre (p. 24)

Tenerife Espacio de las Artes (TEA ; p. 26)

Mercado de Nuestra Señora de África (p. 28)

100% tinerfeños

Le charme traditionnel de Santa Cruz (p. 30)

Le meilleur du quartier

Restaurants

El Aguarde (p. 36)

Bodeguita Canaria (p. 36)

Tasca (p. 31)

Bars

Mojos y Mojitos (p. 40)

Barbas Bar (p. 40)

La Buena Vida (p. 40)

Comment y aller

Bus Depuis l'aéroport de Tenerife Norte, les bus TITSA n°102, 107 et 108 (2,65 €, 20 minutes) desservent Santa Cruz.

Taxi Un taxi de l'aéroport de Tenerife Norte à la Plaza España coûte environ 20 €.

Les incontournables
Museo de la Naturaleza y el Hombre

Curiosité phare de la ville, ce musée consacré aux sciences naturelles et à l'archéologie est l'un des plus intéressants des Canaries. Il occupe un ancien hôpital civil, joliment réaménagé sur trois niveaux, avec des salles bien éclairées entourant deux patios. Des expositions instructives retracent l'histoire de Tenerife à travers sa flore, sa faune et sa géologie. Le lieu renferme aussi une section sur l'archéologie et l'ethnologie qui permet notamment d'en apprendre davantage sur la vie et la culture des Guanches.

Plan p. 32, D4

www.museosdetenerife.org

Calle Fuente Morales

tarif plein/réduit 3/1,50 €

9h-19h mar-dim

À ne pas manquer

Les Guanches

L'excellente exposition sur les premiers habitants avérés de l'île (2e niveau, zone 1) comprend des vitrines contenant des restes humains (crânes et momies), mais aussi des vestiges archéologiques (outils, bijoux et objets de la vie quotidienne). Les Guanches, peut-être d'origine berbère, auraient peuplé les Canaries après avoir migré d'Afrique du Nord dans l'Antiquité – les premières vagues d'immigration sont attestées dès 3000 av. J.-C. Ils se sont ensuite mêlés aux colonisateurs espagnols à la fin du XVe siècle.

Les volcans

Présentée au rez-de-chaussée (zone 1), cette exposition est une introduction idéale à l'histoire géologique des Canaries, avec un panneau chronologique retraçant la formation des différentes îles, depuis celle de Fuerteventura il y a 20 millions d'années. Comme le reste de l'archipel, Tenerife est d'origine volcanique. L'immense cratère de Las Cañadas, large de plusieurs kilomètres et au centre duquel s'élève le Pico del Teide, en témoigne. Des installations audiovisuelles expliquent les phénomènes volcaniques. Les légendes sont ici proposées en plusieurs langues.

La faune des Canaries

Des écrans tactiles fournissent des informations très intéressantes sur les oiseaux, les mammifères et les reptiles rencontrés dans les Canaries (1er niveau, zone 5). On peut écouter le chant de différents oiseaux, découvrir des espèces menacées ou éteintes, comme *Malpaisomys insularis*, une sorte de rongeur, ou *Canariomys tamarani*, un rat géant, et même voir les restes momifiés d'un lézard de grande taille.

À savoir

- La plupart des légendes sont en espagnol, mais on trouve des panneaux d'information en plusieurs langues à l'entrée de chaque salle.
- Venez le week-end ou en fin d'après-midi pour éviter les groupes scolaires.
- Il y a énormément de choses à voir : prévoyez au moins 2 heures pour la visite.
- Pour les familles, une belle aire de jeux jouxte le musée.

Une petite faim ?

Le **café**, installé dans l'élégant patio du musée, permet de faire une pause devant une boisson, un en-cas ou une pâtisserie. Une fois la visite terminée, allez prendre un jus de fruits à Mojos y Mojitos (p. 40), un bar branché avec terrasse situé non loin, dans l'une des rues piétonnes les plus fréquentées de la ville.

Les incontournables
Tenerife Espacio de las Artes (TEA)

Cet extraordinaire musée d'art moderne a largement contribué à hisser Santa Cruz au rang de capitale culturelle. Dans une construction de style résolument moderne, trois grandes galeries lumineuses forment un écrin idéal pour les peintures et les œuvres audiovisuelles de grands maîtres du surréalisme, tels qu'Óscar Domínguez, né à Tenerife. Le lieu accueille aussi des expositions temporaires qui présentent les travaux d'artistes et de photographes espagnols prometteurs et reflètent des thèmes contemporains d'avant-garde.

Plan p. 32, C4

www.teatenerife.es

Avenida de San Sebastián 10

adulte/enfant 7 €/gratuit, film 4 €

10h-20h mar-dim

À ne pas manquer

Architecture contemporaine

D'un style contemporain audacieux, le bâtiment du TEA constitue le cadre parfait pour les œuvres qui y sont exposées. Il a été conçu par les architectes suisses Jacques Herzog et Pierre de Meuron, lauréats du prix Pritzker, célèbres pour leur travail novateur et auteurs de plusieurs projets prestigieux, tels que la Tate Modern, à Londres. Cet édifice géométrique combine une enveloppe de béton, de grandes fenêtres, des galeries spacieuses éclairées par des puits de lumière, de la végétation et un éclairage saisissant.

Óscar Domínguez

Le musée met à l'honneur Óscar Domínguez, considéré comme le troisième plus grand peintre surréaliste espagnol, après Joan Miró et Salvador Dalí. Né à La Laguna en 1906, Domínguez était une importante figure de l'art espagnol du XXe siècle. On voit ici plusieurs exemples de sa technique de la *decalcomanía*, consistant à transposer une image d'un support à un autre.

Bibliothèque high tech

La *biblioteca* du TEA évoque la salle de réunion futuriste d'une agence de design. Ornée d'énormes lampes suspendues en forme de globe, cette vaste pièce sans cloisons, baignée de lumière naturelle, se distingue par ses lignes anguleuses et son aspect ultramoderne. Un accès Wi-Fi et 36 terminaux Internet sont mis gratuitement à la disposition des visiteurs. Des alcôves permettent de s'asseoir pour faire une pause au calme et feuilleter un catalogue d'exposition ou un magazine.

À savoir

- Prenez le temps d'explorer l'ensemble du bâtiment et de vous renseigner sur les films projetés au cinéma.
- Il est possible de se garer en face, au Mercado de Nuestra Señora de África.
- Les galeries ne sont pas immenses et vous pourrez souvent en profiter seul en venant tôt le matin.
- Il n'y a pas encore d'audioguide pour les visiteurs : servez-vous des brochures gratuites disponibles à la réception.

Une petite faim ?

Le **café** du musée, généralement rempli d'étudiants et d'amateurs d'art, est parfait pour faire le plein de caféine en mangeant une part de gâteau. Si l'heure de l'apéritif approche, allez prendre un mojito à La Buena Vida (p. 40) dans le *barrio* bohème de La Noria.

Les incontournables
Mercado de Nuestra Señora de África

Très apprécié des habitants, en particulier des restaurateurs locaux, ce marché occupe un beau bâtiment qui allie ambiance latino-américaine, arcades de style mauresque et patios. Son imposant clocher vous permettra de le repérer – à défaut, suivez les passants munis de paniers à provisions ! Les stands, où l'on vend des produits frais à des prix raisonnables, sont installés sur deux niveaux, avec çà et là des marchands de fleurs, des étals proposant des *churros*, des bancs et une luxuriante végétation subtropicale.

Plan p. 32, C4

www.la-recova.com

Avenida de San Sebastián

9h-14h

À ne pas manquer

Spécialités

Faites-vous plaisir en achetant ici des produits d'épicerie fine, typiques de l'île : bocaux de sauces *mojo* au piment, confiture de cactus, miel ou encore herbes et épices. Dans le Patio Naciente, vous trouverez des stands tels que Mi Mundo Gourmet, qui propose vente et dégustation de fromage et de *jamón* (jambon), l'Herboristeria Mil Variedades, avec des plantes médicinales pour tous les maux imaginables, et La Pasta Fresca, spécialisée dans les pâtes fraîches.

Architecture

Le marché (*mercado*) a été bâti au début des années 1940 (voyez la plaque près de l'entrée située à l'arrière), alors que les architectes avaient délaissé les canons du modernisme en faveur d'un style plus local. Contrairement aux marchés traditionnels, les stands sont disposés autour d'un patio central couvert de fleurs, qui sert de lieu de rendez-vous aux habitants et accueille également des concerts.

Vins locaux

Le charmant propriétaire de **Canary Wine**, près du Patio Naciente, vous présentera les vins locaux, issus de viticulture bio, ainsi que l'incontournable liqueur de banane (8 € seulement la bouteille). Également très apprécié, le *viña norte* est un rosé pétillant qui rappelle le lambrusco. Des dégustations sont organisées le dimanche à 11h (la réservation est essentielle).

À savoir

- Il y a un parking gratuit sous le marché.
- Les prix sont fixes : pas de marchandage.
- Goûtez le jus de canne à sucre frais, souvent servi mélangé à du rhum.
- Si vous voulez prendre les marchands en photo, demandez-leur d'abord ; mieux encore, achetez-leur quelque chose.
- Le marché compte une belle aire de jeux pour les enfants.

Une petite faim ?

Le matin, mêlez-vous aux marchands qui viennent prendre leur premier café de la journée à la **Cafetería La Terraza** (620 12 67 10 ; Patio Naciente ; plats 6-8 € ; 7h30-15h) et observez l'effervescence devant le stand de fruits et légumes voisin. Plus tard dans la journée, descendez au rez-de-chaussée déguster du poisson ultrafrais au **kiosque** situé à côté des stands de fruits de mer.

100% tinerfeños
Le charme traditionnel de Santa Cruz

La capitale de Tenerife est une ville typique des Canaries, et non une destination spécifiquement dédiée au tourisme. Aussi, obtenir un avant-goût de ce qui fait l'essence même de Santa Cruz revient à flâner le nez au vent, à explorer ses places et ses ruelles avec leurs bars, leurs parcs et leurs boutiques familiales. L'itinéraire suivant devrait vous donner une longueur d'avance sur les autres visiteurs !

❶ Plaza Príncipe de Asturias
Dans ce parc aménagé au cours des années 1850, prenez un café au **Kiosco Príncipe** (Plaza Príncipe de Asturias ; 8h-19h lun-ven, 8h-15h sam). Admirez la sculpture de Hanneke Beaumont, intitulée *Courage*, le kiosque traditionnel, la fontaine et les arbres, parmi lesquels des *Ficus microcarpa* importés de Cuba, puis asseyez-vous pour regarder passer le flot des promeneurs.

❷ Plaza España

Cette place emblématique occupe le cœur de la ville. Recueillez-vous devant le mémorial aux victimes de la guerre civile espagnole, trempez vos orteils dans le vaste bassin et suivez le sentier d'interprétation de l'ancien **Castillo de San Cristóbal** (Plaza España ; entrée libre ; 10h-18h lun et mer-ven, 11h-19h sam-dim ; P) pour contempler les vestiges du majestueux château qui se dressait jadis à cet endroit.

❸ Calle Imeldo Serís

Cette rue historique est bordée de boutiques familiales à l'ancienne. Arrêtez-vous à **El Guajiro** (Calle Imeldo Serís 15 ; 10h-13h30 et 17h-19h lun-ven, 10h-14h sam), qui vend depuis 1953 des cigares de production locale (à partir de 25 € les 12). Même si vous n'achetez rien, jetez un coup d'œil aux murs tapissés de photographies anciennes et de coupures de journaux jaunies par le temps.

❹ Un repas chargé d'histoire

Suivez les petites rues jusqu'à **La Hierbita** (922 24 46 17 ; www.lahierbita.es ; Calle Clavel 19 ; plats 10-15 € ; 12h-16h et 19h-23h mar-sam, 12h-16h lun), le premier restaurant de la ville à avoir obtenu une licence pour servir de l'alcool, en 1893, dans ce qui était alors le quartier chaud ; les salles au parquet grinçant sont réparties sur deux étages. Une partie de l'établissement servait de maison close, mais on y sert aujourd'hui une excellente cuisine canarienne moderne.

❺ Calle Castillo

Bordée de magasins et de boutiques, la principale rue piétonne est un lieu de promenade prisé des habitants le week-end. On y trouve toutes les grandes enseignes nationales et de petites boutiques indépendantes. Juste au sud de l'extrémité ouest de la rue, **La Tienda de Aloe Vera** (922 24 36 01 ; Calle Imeldo Serís 96 ; 10h-14h et 17h-20h lun-ven, 10h-14h sam) vend toutes sortes de produits à base d'aloe vera, une succulente cultivée localement.

❻ Soho

Au nord de la Calle Castillo, le petit quartier surnommé Soho renferme des cafés, des bars à tapas et des boutiques qui comptent parmi les plus tendance de la ville. En proie à une fringale ? Poussez la porte de **La Casita** (www.lacasitacafe.es ; Calle Jesús Nazareno 14 ; plats 7-8 €, gâteaux 2,50 € ; 10h-minuit mar-sam ;), un établissement tenu par une jeune équipe branchée mais décoré comme une maison de campagne centenaire. Les gâteaux sont délicieux.

❼ Cuisine canarienne

Après une pause devant le bassin aux nénuphars du magnifique **Parque García Sanabria** (près de la Calle Méndez Núñez), rendez-vous chez **Tasca** (Calle Dr Guigou 18 ; plats 6-10 €, menú del día 7 € ; 12h-15h et 19h-23h lun-sam), l'un des restaurants les plus authentiques de la ville, avec son décor sans chichis, ses longues files d'attente et ses énormes portions de plats canariens classiques.

Muelle Sur
Av Anaga
Av José Primo de Rivera
Plaza España
Office du tourisme
Plaza Candelaria
Museo de Bellas Artes
Plaza Príncipe de Asturias
Teatro Guimerá
Centro de Arte La Recova
Plaza Isla Madera
Iglesia de Nuestra Señora de la Concepción
Museo de la Naturaleza y el Hombre
Tenerife Espacio de las Artes (TEA)
Mercado de Nuestra Señora de África
Av de San Sebastián
C San Sebastián
José Manuel
Parque García Sanabria
Plaza General Weyler
Plaza Pedro Schwartz
Barranco de los Santos
Rambla de Santa Cruz
Rambla de Pulido
Av Veinticinco de Julio
Pte del Gral Galcerán
Av Salle
C Marina
C San Francisco
C San Juan Bautista
C Rosa
C San Francisco Javier
C San Vicente Ferrer
C Santa Rosalía
C Emilio Calzadilla
C Villalba Hervás
C Bethencourt Alfonso
C Castillo
C Dr Allart
C Cruz Verde
C Clavel
C Imeldo Serís
C Antonio Domínguez Alfonso
C Teobaldo Power
C Pilar
C Viera y Clavijo
C Jesús Nazareno
C Callao de Lima
C Méndez Núñez
C Gral Antequera
C Robayna
C Ángel Guimerá
C Miraflores
C Ramón y Cajal
C Fuente Morales
C Costa y Grijalba
C Pérez de Rozas
C Dieciocho de Julio
C Álvarez de Lugo
C Gral Porlier
C Iriarte
C Lope de Vega
A B C D E
1 2 3 4
2 3 6 7 8 9 10 11 12 13 14 15 16 17 18 19 20 21 22 23 24 25 26

C Quevedo
C Garcilaso de la Vega
C Buenos Aires
C Fernández Navarro
C Béthencourt y Molina
Guimerá
Av José Primo d
Av Tres de Mayo
C Fomento
Recinto Ferial
Av Constitución
1
Auditorio de Tenerife
OCÉAN ATLANTIQUE
Av Constitución
5
Parque Marítimo César Manrique
4
Palmetum
0
400 m
Nos adresses
Les incontournables p. 24
Découvrir p. 34
Se restaurer p. 36
Prendre un verre p. 40
Sortir p. 41
Shopping p. 42
A
B
C
D
E
5
6
7
8

Découvrir

Auditorio de Tenerife

ÉDIFICE REMARQUABLE

1 Plan p. 32, C7

Ce remarquable auditorium en forme de vague blanche a été conçu par l'architecte espagnol de renommée internationale Santiago Calatrava ; sa silhouette est désormais aussi emblématique que l'Opéra de Sydney et il possède une excellente acoustique. Des **visites guidées multilingues** (à réserver sur le site Internet) permettent d'en découvrir les coulisses. (922 27 06 11 ; www.auditoriodetenerife.com ; Avenida Constitución ; entrée libre ; visites guidées 12h30 lun-sam oct-juin, 12h30 et 17h30 lun-sam juil-sept ; P)

Bon plan

La cité de la sculpture

En 1974, Santa Cruz a accueilli une exposition internationale de sculpture de rue, avec les œuvres de maîtres comme Henry Moore, Joan Miró et Óscar Domínguez. Aujourd'hui, on peut admirer ces sculptures en se promenant dans la ville. Renseignez-vous à l'office du tourisme sur les circuits thématiques qui partent du splendide **Parque García Sanabria**, où plusieurs œuvres sont exposées en permanence.

Iglesia de Nuestra Señora de la Concepción

ÉGLISE

2 Plan p. 32, D3

Difficile de ne pas remarquer l'impressionnant clocher de la plus vieille église de la ville, également notable pour son plafond de style mudéjar. L'église actuelle date des XVIIe et XVIIIe siècles, mais le bâtiment d'origine fut édifié en 1498, juste après la conquête de l'île. Placée au centre de l'autel, la *Santa Cruz de la Conquista* (*Sainte Croix de la conquête*), en argent étincelant, date de 1494 et a donné son nom à la ville. (Plaza de la Iglesia ; 9h-21h dim, messes 9h et 19h30)

Museo de Bellas Artes

ART

3 Plan p. 32, C2

Ouvert en 1900, cet excellent musée des Beaux-Arts faisait jadis partie de l'église voisine (remarquez son vitrail). En dehors des expositions temporaires, la collection permanente, éclectique, comprend des toiles d'artistes espagnols, canariens et flamands, tels que Ribera, Sorolla et Brueghel, des sculptures, dont une de Rodin. Les grandes scènes de bataille du peintre espagnol Manuel Villegas Brieva sont particulièrement frappantes. On accède aux galeries par des escaliers (pas d'ascenseur). (www.santacruzdetenerife.es ; Plaza Príncipe de Asturias ; entrée libre ; 10h-20h lun-ven, 10h-15h sam-dim)

ALEKSANDAR TODOROVIC/SHUTTERSTOCK ©

Auditorio de Tenerife

Palmetum

JARDIN

4 Plan p. 32, A8

Ouvert en 2013 sur le site d'une ancienne décharge, ce jardin botanique de 12 hectares possède la collection de palmiers la plus diversifiée d'Europe, avec des arbres provenant du monde entier. Une brochure détaillée, avec cartes, et des panneaux signalétiques aident à les identifier. Ce lieu paisible, propice à la flânerie, dispose de bancs bien placés pour contempler la mer. Au centre, un espace octogonal ombragé, ceint de murs et doté de cascades en roche volcanique, abrite les espèces les plus fragiles, comme des palmiers grimpants du Yucatán. (www.palmetumsantacruz.com ; Avenida Constitución ; adulte/enfant 6/2,80 €, avec Parque Marítimo César Manrique adulte/enfant 7,30/3,30 € ; 11h-13h et 14h-20h mar-dim ; P)

100% tinerfeños

Playa de las Teresitas

L'une des plus belles plages de Tenerife, à 6 km au nord-est de Santa Cruz, la Playa de las Teresitas possède du sable doré provenant du Sahara. Elle est essentiellement fréquentée par les habitants du coin. Le village voisin de San Andrés compte de bons restaurants de poisson à petits prix.

Parque Marítimo César Manrique BAIGNADE, FARNIENTE

5 Plan p. 32, A8

Juste à côté de la principale avenue de la ville et près du Palmetum, ce parc de loisirs aquatiques comprend plusieurs piscines aux lignes design. On peut louer des transats et prendre une boisson fraîche pour profiter du soleil et apprécier la vue. Adapté à tous les âges, le parc est parfait pour les enfants. (657 65 11 27 ; www.maritimosantacruz.com/ ; Avenida Constitución ; tarif plein/réduit 2,50/1,50 €, avec le Palmetum 7,30/3,30 € ; 10h-19h)

Museo Militar de Almeyda MUSÉE

6 Plan p. 32, D1

Ce musée retrace l'histoire militaire de l'archipel et la résistance de la cité face aux visées britanniques, qu'incarne une superbe maquette de 30 m du navire amiral *Theseus*.

100% tinerfeños

Bodeguita Canaria

Pour goûter des plats locaux tels que la *ropa vieja* (littéralement "vieux vêtements"), un ragoût de viande et de pois chiches, poussez la porte de la **Bodeguita Canaria** (www.bodeguitacanaria.es ; Calle Imeldo Serís 18 ; plats 8-10 € ; 13h-16h et 20h-23h30 lun-sam ;), également appréciée pour son ambiance sans façon, ses meubles en bois sombre et son décor suranné.

La pièce maîtresse est El Tigre, le canon qui aurait arraché le bras de l'amiral Nelson lorsqu'il attaqua Santa Cruz en 1797. (Calle San Isidro 1 ; entrée libre ; 10h-14h mar-sam)

Centro de Arte La Recova ART

7 Plan p. 32, C3

Aménagée dans un ancien marché, cette galerie accueille des expositions temporaires d'artistes canariens et espagnols contemporains. (www.santacruzdetenerife.es ; Plaza Isla Madera ; entrée libre ; 11h-13h et 18h-21h mar-sam)

Teatro Guimerá ÉDIFICE REMARQUABLE

8 Plan p. 32, C3

Ce théâtre du XIXe siècle, devant lequel s'élève une grande sculpture représentant un masque, est l'un des joyaux architecturaux de la ville. Son intérieur somptueux rappelle le Teatro Real de Madrid, avec des balcons semi-circulaires et des dorures en abondance. (www.teatroguimera.es ; Plaza Isla Madera ; 11h-13h et 18h-20h mar-ven)

Se restaurer

El Aguarde CANARIEN MODERNE €€€

9 Plan p. 32, A1

Nos lecteurs ne tarissent pas d'éloges sur ce restaurant minimaliste servant une cuisine raffinée. Si la carte change selon la saison, elle comprend toujours une bonne sélection de plats de viande et de poisson et au moins un choix végétarien. Les desserts sont exquis : goûtez la mousse de citron

Comprendre

Arts et culture

Architecture

Les influences ont été si nombreuses au fil des siècles qu'il est difficile de parler d'une architecture canarienne typique. Les bâtiments combinent ainsi souvent plusieurs styles architecturaux. Parfaite illustration de cette mosaïque, l'architecture coloniale emprunte aux écoles espagnole, portugaise, française, italienne et anglaise. Le baroque a également laissé sa trace, comme en témoignent les centres historiques de La Orotava et de La Laguna, avec leurs patios et leurs balcons en bois sculptés. La période moderne a été marquée par César Manrique, natif de Lanzarote, dont on peut voir les créations à Tenerife et dans tout l'archipel.

Peinture et sculpture

Les représentations artistiques les plus anciennes sont représentées par les peintures rupestres des Guanches. La sculpture la plus connue de cette époque est l'*Ídolo de Tara*, figurine guanche aux courbes plantureuses dont la silhouette orne aujourd'hui T-shirts et céramiques. Parmi les artistes tinerfeños les plus célèbres figurent Gaspar de Quevedo (XVIIe siècle), l'impressionniste Manuel González (1843-1909) et le fameux représentant local du surréalisme, Óscar Domínguez (1906-1957), dont les œuvres sont notamment exposées au TEA, à Santa Cruz.

Artisanat

On trouve dans toute l'île des dentelles et du linge de table brodé, comme des nappes et des serviettes. Ces ouvrages à l'aspect délicieusement suranné font appel à des techniques transmises de génération en génération. Attention aux importations chinoises (faciles à repérer grâce à leur prix bien inférieur à celui des pièces authentiques). Vous pourrez aussi rapporter dans vos bagages des paniers et des tapis fabriqués à la main.

Musique

Emblématique du patrimoine musical canarien, le *timple* est une sorte d'ukulélé d'origine mal connue, probablement introduit aux Canaries au XVe siècle par des Berbères. Ce petit instrument à cinq cordes est utilisé dans les fêtes traditionnelles pour interpréter des danses telles que l'*isa* et la *folía* et, si vous avez de la chance, la *tajareste*, la seule danse guanche qui nous soit parvenue.

avec *cava* (vin mousseux espagnol) et menthe. (922 28 91 42 ; www.restauranteelaguardetenerife.es ; Calle Costa y Grijalba 21 ; plats 15-25 € ; 13h-16h lun-sam, 21h-23h mar-sam ;)

La Llave de Las Nubes CANARIEN €

10 Plan p. 32, D3

Les propriétaires de ce petit restaurant sont des passionnés. Chaque matin, ils achètent des produits frais au marché et mitonnent quelques plats inspirés de la cuisine traditionnelle. Les soupes sont particulièrement exquises : goûtez celle au cresson si elle est proposée. L'endroit est toujours plein de convives et vous devrez sans doute patienter pour avoir une table (pas de réservation). (Calle Dr Allart 46 ; plats 7-10 €, menú del día 8 € ; 9h-17h lun-ven)

Bon plan

Le carnaval

Caractérisé par son exubérance et son ambiance joyeuse, le **carnaval de Santa Cruz** (www.carnavaltenerife.com ; fév) donne lieu à des festivités ininterrompues pendant deux semaines, le coup d'envoi ayant lieu début février. La majeure partie des défilés et des concours de costumes a lieu sur le Recinto Ferial (champ de foire) et des animations bon enfant envahissent aussi les rues du crépuscule jusqu'à l'aube, en particulier autour de la Plaza España.

Palmelita CAFÉ €

11 Plan p. 32, C3

Ce charmant café, au décor aussi désuet que sa façade, a été ouvert par des Allemands dans les années 1970. Il ravira les gourmands avec ses chocolats chauds crémeux, (ou la version froide, avec glace à la vanille), ses cafés frappés mousseux, ses pâtisseries au beurre et ses gâteaux allemands traditionnels. De quoi repartir d'un bon pied ! (922 29 11 07 ; www.palmelita.es ; Calle Castillo 9 ; gâteaux 2,50-4 € ; 8h-20h lun-sam ;)

Bulan CANARIEN MODERNE €€

12 Plan p. 32, C3

Plein de charme, cet établissement au beau sol carrelé, aux salles lambrissées et à l'éclairage tamisé prépare une cuisine typique de l'archipel, comme la morue à la sauce tomate fraîche et aux pommes de terre des Canaries ou l'"épée de Bulan" (brochette de poulet, de porc et de bœuf accompagnée de champignons et de courgettes). Il se mue en bar en fin de soirée. (922 27 41 16 ; www.bulantenerife.com ; Calle Antonio Domínguez Alfonso 35 ; plats 12-15 € ; 12h30-1h dim-mer, 12h30-3h jeu-sam ;)

El Lateral 27 CANARIEN €€

13 Plan p. 32, C2

Le personnel amical, les clients heureux et les plats locaux appréciés

CANARYLUC/SHUTTERSTOCK ©

Le carnaval

valent à cet établissement un succès durable. Des mets comme le ragoût de queue de bœuf (ou de chèvre), l'aloyau en sauce à l'ail et la tourte aux fruits de mer combleront les affamés. Les végétariens passeront leur chemin. (Calle Bethencourt Alfonso 27 ; plats 10-14 € ; 7h30-minuit lun-sam ;)

Gom

CANARIEN MODERNE **€€**

14 Plan p. 32, C1

Faisant partie de l'Hotel Taburiente adjacent, ce restaurant sophistiqué propose une carte de plats classiques canariens et espagnols, revus de manière créative. Cette adresse, l'une des plus huppées du centre-ville, accueille au déjeuner une élégante clientèle d'affaires. (922 27 60 58 ; Calle Dr Guigou 27 ; plats 10-15 € ; 13h-16h et 19h-23h ; P)

Plaza 18

CANARIEN MODERNE **€€**

15 Plan p. 32, D2

Ce restaurant branché, dans l'un des plus jolis coins de la ville, surplombe des banians et des massifs de fleurs, avec l'Iglesia de San Francisco en arrière-plan. La décoration est chic et colorée et la cuisine déçoit rarement. La carte comprend des risottos, des hamburgers, des salades et des *tostas* (tartines grillées) aux garnitures variées, ainsi que d'excellents vins locaux. (922 17 30 14 ; Plaza San Francisco ; plats 11-16 € ; 12h-23h lun-jeu, 12h-1h ven-sam)

Prendre un verre

Bar Zumería Doña Papaya

BAR À JUS DE FRUITS

16 Plan p. 32, B2

Délicieux jus de fruits frais : fraise, mangue, papaye, avocat et mélanges divers. Des employés viennent ici à midi pour un repas simple et rapide. (Calle Callao de Lima 3 ; jus 2-3,50 € ; 9h-19h lun-ven, 9h-15h sam)

Barbas Bar

BAR

17 Plan p. 32, D1

Les hommes qui portent la *barba* (barbe) sont particulièrement bien accueillis dans ce bar de style saloon, en face du port. Les bières d'importation prédominent, avec un vaste choix, de la Crabbie's Original à la Corona. Bonne ambiance et concerts à l'occasion. (Calle Marina 9 ; 18h-2h lun-sam)

La Buena Vida

BAR

18 Plan p. 32, D3

Prenez place à une table sur le trottoir en face de la belle église et commandez un mojito à la fraise ou à la pêche : à 3,50 € seulement, on aurait tort de ne pas en profiter ! La carte compte également de bons en-cas à grignoter : houmous, fromage de chèvre grillé, etc. (922 24 19 13 ; Calle Antonio Domínguez Alfonso 10 ; 12h-minuit)

Mojos y Mojitos

BAR

19 Plan p. 32, C3

Cet endroit décontracté sert une cuisine correcte en journée et se transforme le soir en bar à cocktails et night-club animé, avec DJ et concerts de temps en temps. (Calle Antonio Domínguez Alfonso 38 ; 12h-minuit dim-jeu, 12h-4h ven-sam ;)

Mag Café

CAFÉ

Si vous ne pouvez pas assister à un concert ou suivre une visite organisée, venez au moins ici prendre une boisson ou un café pour admirer l'architecture de l'Auditorio de Tenerife (voir **1** Plan p. 32, C7). La cuisine (sandwichs et hamburgers) paraît assez ordinaire dans un cadre aussi moderne. (Auditorio de Tenerife, Avenida Constitucíon ; en-cas 3,50-5 € ; 9h-16h30 dim-jeu, 9h-19h30 ven-sam ;)

100% tinerfeños

La Noria, très tendance

Le quartier le plus branché de Santa Cruz, baptisé **La Noria**, se résume essentiellement à une rue, la Calle Antonio Domínguez Alfonso, également connue sous le nom de Calle La Noria. Il s'agit de la plus vieille rue de la ville, ainsi nommée en raison des moulins à eau qui s'y tenaient autrefois ; c'était aussi, à une certaine époque, un quartier résidentiel huppé. Aujourd'hui, les demeures aux tons pastel abritent des cafés, des restaurants et des bars aux vastes terrasses et à l'ambiance citadine chic. La rue commence au pied du pont de pierre Puente Leones, sur la rive nord, en face du Tenerife Espacio de las Artes (TEA).

Le Mojos y Mojitos

JL Murphy PUB IRLANDAIS

20 Plan p. 32, D3

Ambiance sympathique et Guinness à la pression dans ce pub irlandais plus élégant que nombre de ses confrères. Concerts presque tous les week-ends. (Plaza de la Iglesia ; 17h-2h30 lun-jeu, 17h-3h30 ven-sam, 18h30-2h30 dim ;)

Sortir

Auditorio de Tenerife CONCERTS

Avec ses coquilles de béton blanc arrondies, coiffées d'un toit évoquant la crête d'une vague prête à s'abattre, le principal espace culturel de Tenerife (voir 1 Plan p. 32, C7) occupe face à l'océan un site de 2 hectares qu'il contribue nettement à embellir. Il accueille de nombreuses représentations artistiques, des opéras, des ballets et des concerts de musique classique de qualité. (billetterie 902 31 73 27 ; www.auditoriodetenerife.com ; Avenida Constitución ;)

Teatro Guimerá THÉÂTRE

Cet impressionnant bâtiment Art déco (voir 8 Plan p. 32, C3, et p. 36) est apprécié pour sa programmation culturelle, qu'il s'agisse de musique ou de théâtre. (billetterie 902 33 33 38 ;

PHILIP LANGE/SHUTTERSTOCK ©

Le Teatro Guimerá (p. 36 et p. 41)

www.teatroguimera.es ; Plaza Isla Madera ; billets 12-18 € ; 11h-13h et 17h-20h)

Shopping

Dolores Promesas

MODE

21 Plan p. 32, C2

Cette créatrice espagnole tire son inspiration des rouleaux de tissus, des boutons et des nœuds qu'elle voyait enfant dans la modeste mercerie de sa grand-mère près de Cádiz, sur le continent. Collections pour tous les âges et tous les styles, des T-shirts imprimés aux belles robes vaporeuses en soie ultralégère. (922 28 97 46 ; www.dolorespromesas.com ; Calle Pilar 4 ; 10h-14h et 17h-20h lun-ven, 10h-13h30 sam)

Vintage Store 13

DÉCORATION, MODE VINTAGE

22 Plan p. 32, D3

Prenez le temps d'explorer ce magasin un peu fourre-tout, où vous découvrirez de nombreux trésors, comme des valises en cuir, des ornements kitsch, des céramiques, des vestes et pantalons en jean, des cartes postales anciennes, des robes à fleurs des années 1960, des foulards en soie, des disques et de gros bijoux fantaisie rétro. (www.vintagestore13.com ; Calle Dr Allart 32 ; 12h-20h lun-sam)

Carolina Boix

CHAUSSURES

23 Plan p. 32, C3

Née et basée à Tenerife, la créatrice Carolina Boix possède plusieurs boutiques dans les îles Canaries. Ses chaussures à prix doux (pour hommes et femmes), fabriquées avec des matières synthétiques, sont réputées pour leur style moderne et confortable. (www.carolinaboix.com ; Calle Valentín Sanz 10 ; 9h30-20h30 lun-ven, 10h-20h30 sam)

Librairie La Isla

LIVRES

24 Plan p. 32, B2

Cette librairie à l'ancienne sur quatre niveaux vend des ouvrages en anglais, notamment des romans, ainsi que des guides et cartes des Canaries. (www.laislalibros.com ; Calle Imeldo Serís 75 ; 9h30-20h lun-ven, 9h30-13h30 sam)

El Ganso

MODE

25 Plan p. 32, C3

Ces vêtements de qualité sont très appréciés des hommes soucieux de leur look : vestes en tweed au col écarlate, manteaux-tuniques bleu ciel de style militaire ou chaussures de sport aux lacets multicolores. Des collections tendance, au côté funky assumé. (www.elganso.com ; Calle Castillo 19 ; 10h-14h et 17h-20h lun-ven, 10h-13h30 sam)

> 100% tinerfeños
>
> **Chiner au Rastro**
>
> Ce vaste marché aux puces, très fréquenté et peu touristique, se tient le dimanche de 9h à 15h, dans deux rues parallèles qui partent du Mercado de Nuestra Señora de África et longent José Manuel Guimerá jusqu'à la côte. Les chineurs et les curieux y trouveront l'habituel bric-à-brac, des vêtements à prix cassés aux bijoux artisanaux. Soyez discret avec votre argent.

Dédalo

BIJOUX

26 Plan p. 32, C2

Loin du tout-venant, on trouve ici de superbes bijoux parfaitement mis en valeur, créés par d'éminents joailliers espagnols et canariens comme Rosa Mendéz, Carlos Reano et Dédalo (d'où le nom de la boutique). Ne manquez pas la série "Bosques del Mar", de Carlos Reano, qui mêle la résine, les essences tropicales, le bambou, l'or, l'argent et le bronze. (922 28 59 30 ; Calle Valentín Sanz 14 ; 9h30-13h30 et 17h-19h30 lun-ven, 9h30-13h30 sam)

100% tinerfeños
Candelaria la sainte

Largement ignorée par les touristes, cette petite ville pittoresque bouillonne de vie, particulièrement le dimanche. C'est un haut lieu de pèlerinage, où l'on vénère la Vierge de Candelaria, la sainte patronne de Tenerife. Les rues piétonnes étroites du bourg sont bordées de boutiques qui vendent aussi bien des objets religieux kitsch que des souvenirs plus classiques, tandis que les bars à tapas et les restaurants de fruits de mer sont fréquentés par une clientèle locale avisée.

Comment y aller

Candelaria est à 19 km de Santa Cruz, au sud de la capitale.

En voiture, prenez la sortie n°9 sur la nationale TF-1.

Plusieurs bus font halte ici, notamment les n°111 et n°115 (2,35 €, 30 minutes).

❶ Pause café

Si vous venez en bus, rejoignez la Plaza Teror par l'Avenida Condesa de Abona en faisant halte au minuscule **Bar Mencey** (Avenida Condesa Santa María de Abona 1 ; en-cas 2-3 € ; ⏲6h-2h mar-dim), doté d'une TV et de machines à sous. Prenez place sur la terrasse donnant sur la mer et commandez un café fort et une *tostada con aceite* (tartine grillée à l'huile d'olive).

❷ Route des tapas

Procurez-vous une carte à l'**office du tourisme** (☎922 50 04 25 ; Avenida Marítimo 176 ; ⏲9h-14h et 16h30-19h) et suivez l'une des Rutas de Tapas pour déguster une belle variété d'en-cas dans différents bars de la ville.

❸ L'heure du vin

Prenez à droite dans la rue piétonne pour gagner le traiteur **Maresía y Volcán** (Calle Obispo Pérez Cáceres 41 ; ⏲10h-14h et 17h-19h mar-dim). Outre la vente de vins, de fromages et de produits d'épicerie fine, il organise des dégustations de vins et concocte une carte sélective de tapas et de *tostas* (tartines garnies), ainsi que des assiettes à partager.

❹ Souvenirs religieux

Propices au recueillement, les statues, photos, plaques et hologrammes de la Vierge Marie vendus à **La Casa de las Imágenes** (www.lacasadelasimagenes.com ; Calle Obispo Pérez Cáceres 17 ; ⏲10h-14h et 17h-19h mar-dim) formeraient, dit-on, la plus vaste collection d'images religieuses d'Espagne.

❺ La basilique

Dressée sur une vaste place, la grandiose **Basílica de Nuestra Señora de Candelaria** (⏲7h30-13h et 15h-19h30 mar-dim ; P) renferme la *Virgen de la Candelaria*, sainte patronne de Tenerife. Notez les neuf statues de bronze grandeur nature des *Mencey*, les chefs guanches qui régnaient sur l'archipel avant la conquête espagnole. Le 15 août, durant la fête de la Vierge, la place se remplit de pèlerins et de fêtards venus de toute l'île, voire de tout l'archipel.

❻ Céramique locale

Montez les marches à droite de la basilique et suivez les panneaux jusqu'au **Centro Alferero de Candelaria** (www.candelaria.es ; Calle Isla de La Gomera 17 ; entrée libre ; ⏲9h30-14h et 17h-19h lun-sam). Ce petit musée expose des poteries tournées à la main et abrite une boutique où vous pourrez acheter des céramiques rouges typiques, comme une jolie *jarra de vino* (cruche à vin).

❼ Repas de poisson

Revenez sur vos pas et suivez la mer en longeant des kiosques à churros, une aire de jeux et une petite plage de sable noir, la Playa el Pozo, pour atteindre le port et un grand *Ficus microcarpa* à l'ombre duquel quelques personnes âgées jouent aux cartes. Le restaurant **El Muelle** (Avenida Constitución 9 ; plats 8-12 € ; ⏲8h-23h lun-jeu, 8h-2h ven-sam) sert la pêche du jour sur une grande terrasse avec vue sur le port.

Explorer

La Laguna

Souvent oubliée par les visiteurs, La Laguna est pourtant l'une des plus belles cités des Canaries, avec ses rues rectilignes bordées de demeures anciennes, aux façades peintes dans une palette de couleurs pastel, ses boutiques et ses restaurants de choix. Ville universitaire, elle se distingue également par le dynamisme de sa jeunesse et une *marcha* (vie nocturne) particulièrement animée.

L'essentiel en un jour

Le meilleur point de départ est l'office du tourisme, situé dans une belle demeure du XVIIe siècle, ce qui vous donnera un avant-goût du patrimoine de la ville (elle a été fondée en 1496 et fut l'ancienne capitale de l'île). Carte en main, gagnez ensuite la **cathédrale** (p. 53) récemment rénovée, prenez un café et un gâteau au **Coffee Break** (p. 58) et offrez-vous une séance de shopping sur la Calle Herradores, piétonne.

Après un repas de plats traditionnels à **La Casa de Oscar** (p. 55), visitez le **Museo de la Historia de Tenerife** (p. 48) et admirez les bâtisses environnantes. Faites un tour à la **Fundación Cristino de Vera** (p. 53), puis savourez un smoothie aux fruits à **La Pera Limonera** (p. 58). Jetez un coup d'œil à la galerie d'art bordant le cloître de l'**Iglesia y ex-convento de San Agustín** (p. 54).

Rejoignez la Plaza Concepción pour siroter un verre de vin à la terrasse de la **Casa Viña** (p. 58) ; grimpez en haut de la tour de l'**Iglesia de Nuestra Señora de la Concepción** (p. 54), en face, avant d'aller dîner au charmant **El Tonique** (p. 57). Découvrez la vie nocturne d'El Cuadrilátero au **Pub Gabbana** (p. 58), avant de finir la nuit dans un club.

Pour une plongée dans la vie locale, voir p. 50.

Les incontournables

Museo de la Historia de Tenerife (p. 48)

100% tinerfeños

Circuit gourmand à La Laguna (p. 50)

Le meilleur du quartier

Architecture

Catedral (p. 53)

Casa Lercaro (p. 48)

Casa de los Capitanes (p. 51)

Iglesia de Nuestra Señora de la Concepción (p. 54)

Cafés

Pastelería Diaz (p. 50)

Coffee Break (p. 58)

Bars

Casa Viña (p. 58)

Bar 7 Vies (p. 57)

Bar Benidorm (p. 58)

Comment y aller

Tramway Le moyen le plus agréable de venir depuis Santa Cruz (1,35 € l'aller-simple).

Bus De Santa Cruz, prenez les bus TITSA n°114 et n°115 (1,35 €, 20 minutes).

Les incontournables
Museo de la Historia de Tenerife

Première capitale de Tenerife, fondée en 1496, La Laguna était peuplée de riches marchands et aristocrates qui bâtirent les belles résidences dressées le long des rues étroites, avec leurs doubles portes en bois, leurs balcons sculptés, leurs ornements en pierre grise et leurs patios ombragés derrière d'élégantes fenêtres aux volets en bois. L'une des *calles* (rues) les plus emblématiques, San Agustín, abrite quelques maisons splendides, dont l'une, du XVIe siècle, est occupée par le Museo de la Historia de Tenerife.

Casa Lercaro

Plan p. 52, D2

www.museosdetenerife.org

Calle San Agustín 22

tarif plein/réduit 3/1,50 €

10h-20h mar-dim

La Casa Lercaro

À ne pas manquer

Les collections

Les dernières acquisitions en date sont deux somptueuses calèches, une berline française rococo du XVIIIe siècle et un landau (voiture hippomobile) plus tardif. Voyez aussi la poterie guanche et les objets d'artisanat traditionnel.

La Casa Lercaro

Pour beaucoup de visiteurs, le bâtiment lui-même est aussi intéressant que les collections qu'il renferme. Construit à la fin du XVIe siècle par une famille d'origine italienne, il présente notamment des linteaux décoratifs fleuris typiques du maniérisme génois. Le patio intérieur est superbe, avec son *drago* (dragonnier) qui serait âgé de plus de 2 000 ans et sa galerie en bois sculptée soutenue par de solides colonnes en pierre.

Non loin : visite guidée

Pour découvrir La Laguna historique, cachée derrière de lourdes portes et des murs épais, suivez l'une des visites guidées (10h30, 12h et 16h lundi-vendredi, 10h30 et 12h samedi et dimanche) organisées gratuitement par l'office du tourisme. Menées en espagnol (mais aussi en français sur demande, 48 heures à l'avance), elles font le tour des principaux édifices, ainsi que d'autres bâtiments impossibles à visiter autrement qu'en groupe.

Non loin : la Calle San Agustín

La Calle San Agustín, où se situe le musée, regroupe le plus grand nombre de demeures anciennes. Devant leurs opulentes façades, des plaques en cuivre présentent (en espagnol et en anglais) l'histoire de ces bâtiments. Plusieurs ont été transformés en bureaux et vous pourrez généralement jeter un coup d'œil à leur grand patio central.

☑ À savoir

- Tâchez de venir le vendredi ou le samedi entre 16h et 20h (l'entrée est gratuite).
- Ne manquez pas l'excellente boutique à l'entrée.
- Se garer est très difficile. Il existe un parking souterrain sous la Plaza San Cristóbal, mais optez plutôt pour les transports publics.
- La brochure *San Cristobál de la Laguna, World Heritage Site*, distribuée à l'office du tourisme, recense les nombreux joyaux architecturaux de La Laguna.

Une petite faim ?

Prenez place à la terrasse du Bar 7 Vies (p. 57), non loin, pour savourer un assortiment de tapas, un délicieux café ou une *cerveza* bien fraîche. Sinon, juste à côté, **El Encuentro** (Calle Viana 45 ; menú del día 6 € ; ⌚9h-20h mar-sam, 10h-19h dim et lun) sert un menu à 6 € d'un excellent rapport qualité/prix.

100% tinerfeños
Circuit gourmand à La Laguna

La Laguna séduit par l'intense bouillonnement de sa vie locale. Les monuments somptueux, l'animation estudiantine, les bars animés et une alléchante palette de restaurants (et de marchés) traditionnels et gastronomiques sont autant d'occasions de découvrir ce qui fait battre le cœur de la ville.

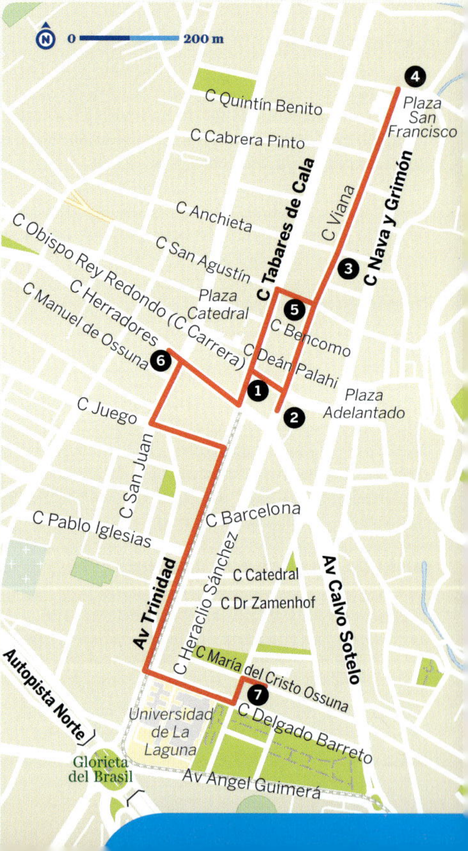

❶ Café et pâtisseries

Ne vous laissez pas rebuter par la télévision bruyante et le décor orange vif de la **Pastelería Diaz** (☎922 62 62 02 ; Calle Obispo Rey Redondo 6 ; en-cas 2,50-5 € ; ⏲8h30-21h lun-sam). Classée parmi les vingt meilleures pâtisseries d'Espagne par un journal national, elle sert un café et des gâteaux succulents, comme l'atteste la file d'attente ; goûtez les mini-croissants fourrés à la crème.

❷ Casa de los Capitanes

Superbe maison du XVIIe siècle dotée d'un ravissant patio, la **Casa de los Capitanes** (Calle Carrera 7 ; ⏲9h-20h lun-ven, 9h-14h sam-dim) accueille régulièrement des expositions et abrite l'office du tourisme, qui vous renseignera sur les sorties, notamment les concerts organisés dans les nombreux bars d'El Cuadrilátero.

❸ Couvent de Santa Clara

Entrez dans le **Convento de Santa Clara** (angle Calle Anchieta et Calle Viana ; adulte/enfant 5 €/gratuit ; ⏲10h-17h mar, jeu et sam) pour vous informer sur l'histoire religieuse de la ville. Son musée expose toutes sortes de précieux objets mais vaut surtout pour la présentation audiovisuelle retraçant l'histoire du couvent et les circonstances de l'arrivée de la communauté à La Laguna il y a plusieurs siècles.

❹ Mercado Municipal

Le pittoresque **Mercado Municipal** (Plaza San Francisco ; ⏲8h30-15h lun-sam) regroupe près de cent stands, dont des étals croulant sous les fruits, les légumes, les chapelets d'ail et les bouquets d'herbes aromatiques. C'est l'endroit idéal pour acheter du fromage de chèvre fumé, des produits fraîchement cuisinés, des fleurs... et même un canari dans sa cage.

❺ Saveurs traditionnelles

Plongez dans l'ambiance locale au **Bodegón Viana** (☎922 26 42 13 ; Calle Viana 35 ; plats 9-13 € ; ⏲9h-0h30 mar-dim ; 👪), dont le décor est resté quasi inchangé depuis son ouverture en 1976 (de même, sans doute, que la carte). Vous dégusterez ici de copieux plats canariens traditionnels, tout en vous laissant distraire par un soap-opéra à la télévision.

❻ Marché gastronomique

Le **Mercado de San Pablo** (Calle Herradores 59 ; en-cas 2-5 €, plats 9-15 € ; ⏲10h-23h lun-mer, 10h-minuit jeu, 10h-2h ven-sam, 13h-21h dim ; 📶) est le dernier lieu à la mode pour boire un verre, grignoter des tapas et écouter un duo de jazz avant d'aller faire la fête. Vous pouvez aussi venir plus tôt pour prendre un vrai repas : l'offre couvre aussi bien la cuisine cubaine qu'indienne ou japonaise.

❼ El Cuadrilátero

Pour finir la soirée, joignez-vous aux étudiants qui se retrouvent dans ce quartier animé au nord-est de l'université. En son cœur, vous ne pouvez manquer la Plaza Zurita, une place piétonne, formée de deux rangées parallèles de bars, de clubs et de pubs parmi lesquels faire votre choix : bars décontractés, débits de boissons à l'ambiance joyeuse ou boîtes de nuit où vous danserez jusqu'à l'aube.

A
B
C
D
1
2
3
4
5
0
250 m
C Quintín Benito
C Tabares de Cala
Plaza San Francisco
C Cabrera Pinto
C Rodríguez Moure
17
C Lucas Vega
C Anchieta
C Santiago Cuadrado
9
Iglesia de Nuestra Señora de la Concepción
3
C Herradores
14
Plaza Concepción
20
21
4
Iglesia y ex-convento de San Agustín
C San Agustín
Museo de la Historia de Tenerife
Fundación Cristino de Vera
2
C Viana
C Nava y Grimón
12
C Capitán Brotóns
8
C Obispo Rey Redondo (C Carrera)
15
16
19
C Juan de Vera
Cathédrale
1
13
C Herradores
7
C Manuel de Ossuna
C de Higuera
C Bencomo
6
C Deán Palahi
Convento de Santa Catalina
5
Plaza Adelantado
22
C San Juan
C Juego
C Baltasar Núñez
C Herradores
C del Consistorio
C Santo Domingo
C José C Llarena
C Barcelona
C Pablo Iglesias
11
Av Trinidad
10
Plaza San Cristóbal
C Padre Herrera
C Morales
C Heraclio Sánchez
C Catedral
C Antonio González
C Dr Zamenhof
18
C Doctor Antonio González
Av Calvo Sotelo
C Molinos de Agua
Museo de la Ciencia el Cosmos (850 m)
EL CUADRILÁTARO
Nos adresses
Les incontournables p. 48
Découvrir p. 53
Se restaurer p. 55
Prendre un verre p. 57
Shopping p. 58

Façade de la cathédrale

Découvrir

Catedral

CATHÉDRALE

1 Plan p. 52, C3

Dans cette cathédrale entièrement reconstruite en 1913, une chapelle renferme un joli retable baroque du XVIe siècle dédié à la Virgen de los Remedios. Voyez aussi les impressionnantes peintures de Cristóbal Hernández de Quintana, l'un des meilleurs artistes de l'archipel au XVIIIe siècle, et la splendide chaire en marbre de Carrare sculptée par le Génois Pasquale Bocciardo en 1762. (www.catedraldelalaguna.blogspot.com.es ; Plaza Catedral ; 8h-18h lun-sam, 8h-14h dim)

Fundación Cristino de Vera

ART

2 Plan p. 52, D2

Le principal musée d'art de la ville accueille des expositions temporaires de grande qualité et une collection permanente d'œuvres du fameux artiste contemporain Cristino de Vera, né à Santa Cruz de Tenerife en 1931. Elle propose aussi une

Bon plan

Coup de froid

La Laguna est plus fraîche que Santa Cruz : couvrez-vous bien.

présentation audiovisuelle de l'artiste et de son œuvre, sous-titrée en anglais. (www.fundacioncristinodevera.com ; Calle San Agustín 18 ; adulte/enfant 3 €/gratuit ; 11h-14h et 17h-20h lun-ven, 10h-14h sam)

Iglesia de Nuestra Señora de la Concepción

ÉGLISE

3 Plan p. 52, B2

Construite en 1502, l'une des premières églises de l'île, remaniée à maintes reprises, conserve des éléments gothiques et plateresques (style architectural de transition entre le gothique et la Renaissance) ; les plafonds en bois sculptés de style mudéjar sont superbes. Remarquez les fonts baptismaux où étaient baptisés les Guanches après la conquête espagnole, puis grimpez les 5 étages de la tour pour une vue époustouflante sur la ville et au-delà. (Plaza Concepción ; tour 2 € ; 8h30-13h30 et 18h-19h30 lun-ven, jusqu'à 20h30 sam, 7h30-14h et 16h30-20h dim)

100% tinerfeños

Musée des Sciences et de l'Espace

Si vous aimez les scénographies interactives et méditer sur les forces de la nature, l'excellent **Museo de la Ciencia y el Cosmos** (922 31 52 65 ; www.museosdetenerife.org ; Calle Vía Láctea ; tarif plein/réduit 5 €/3,50 €, gratuit pour les enfants, planétarium 1 € ; 9h-19h mar-dim ; P) présente des concepts clés de manière amusante et pédagogique. À 1,5 km au sud de la Plaza Adelantado et facilement accessible par le tramway vers Santa Cruz (un arrêt juste devant), il comporte aussi un planétarium.

Iglesia y ex-convento de San Agustín

PATRIMOINE

4 Plan p. 52, C2

Impossible d'entrer dans cette église en ruine, mais une brèche dans le mur permet d'apercevoir les cactus et autres plantes qui envahissent l'édifice. Ouvert au public, le cloître, rempli de plantes et de fleurs tropicales, est sans doute le plus beau de la ville. Les salles qui l'entourent contiennent une galerie d'art avec des expositions fréquemment renouvelées d'œuvres locales. (Calle San Agustín ; 10h-20h mar-ven, 10h-15h sam-dim)

Convento de Santa Catalina

COUVENT

5 Plan p. 52, D3

Des nonnes occupent toujours ce couvent. Chaque année, le 15 février, la dépouille bien conservée de sœur María de Jesús de León Delgado, morte en 1731, est exposée. Petit musée d'art sacré sur place. (Plaza Adelantado ; adulte/enfant 3 €/gratuit ; 10h-17h)

Se restaurer

Guaydil

CANARIEN MODERNE €€

6 Plan p. 52, C3

Rien ne déçoit dans ce restaurant contemporain au cadre espiègle et dynamique. Les plats sont habilement préparés, joliment présentés et facturés à des prix raisonnables. Si vous commandez l'une des exquises salades, demandez une demi-portion, car elles sont énormes : le personnel n'y verra pas d'objection. Couscous, crêpes aux crevettes et sorbet cubain au mojito font partie des spécialités. (www.restauranteguaydil.com ; Calle Dean Palahí 26 ; plats 8-14 € ; 13h30-16h40 et 20h-23h30 lun-sam ;)

La Casa de Oscar

CANARIEN €

7 Plan p. 52, C3

Ce restaurant est constamment animé, surtout le week-end quand des familles exubérantes viennent se régaler de thon grillé à la coriandre, d'omelettes aux saucisses épicées ou de grillades accompagnées de *mojo* (sauce relevée). Les petits appétits pourront s'asseoir à une table en forme de tonneau et picorer les *pintxos* à la basque (petites tranches de pain coiffées d'une garniture et maintenue par un cure-dents) présentés sur le comptoir de devant. (922 26 52 14 ; Calle Herradores 66 ; plats 8-10 €, pintxos 1,80 € ; 8h-minuit)

ALEKSANDAR TODOROVIC/GETTY IMAGES ©

L'Iglesia de Nuestra Señora de la Concepción

Tasca La Carpintería

ESPAGNOL €€

8 Plan p. 52, B2

Vos yeux auront peut-être du mal à s'accommoder à la pénombre qui règne dans cette salle peu éclairée aux murs bordeaux. La carte, plutôt traditionnelle, fait la part belle aux viandes, avec des plats roboratifs comme la *ropa vieja* (ragoût de porc et de pois chiches) et les côtes de bœuf braisées. Les desserts, qui ne sortent pas tous du congélateur, comprennent des tartes aux fruits frais. (922 26 30 56 ; www.tascalacarpinteria.es ; Calle Núñez de la Peña 14 ; plats 12-15 € ; 13h-17h et 20h-minuit lun-sam, 13h-16h dim)

Comprendre

Saveurs de Tenerife

Ne confondez pas la cuisine traditionnelle de Tenerife avec celle de l'Espagne continentale. Les différences sont réelles, et les plats locaux reflètent des influences latino-américaines et nord-africaines, avec plus d'épices, tels que le cumin, le paprika et le piment séché. Comme sur le continent, toutefois, se retrouver pour partager un repas et boire ensemble constitue une facette essentielle de la vie.

Le produit de base est le *gofio*, un mélange de céréales grillées qui remplace le pain et peut être ajouté à des amandes et à des figues pour confectionner des pâtisseries. La *cabra* (chèvre) et le *cabrito* (chevreau) forment les principales sources de protéines animales. Le *conejo en salmorejo* (lapin mariné dans un mélange de feuilles de laurier, d'ail et de vin) est courant, de même que les ragoûts (*potaje*, *rancho canario* ou *puchero*) de viande et de légumes, bien mijotés. Les poissons occupent une place de choix sur les menus, tels les fameux chinchards (*chicharros*) de Santa Cruz de Tenerife, qui ont valu aux habitants leur surnom de *Chicharreros*.

On peut aussi citer le *sancocho canario*, un plat de poisson salé servi avec du *mojo* (sauce relevée à base d'ail et de piment rouge). Cette sauce omniprésente accompagne habituellement les *papas arrugadas* (littéralement "patates ridées"), petites pommes de terre nouvelles cuites avec leur peau et salées.

Le dessert le plus typique est le *bienmesabe* (littéralement "ça me plaît"), un délicieux mélange de miel, d'amande, de jaunes d'œuf et de rhum.

Le café est incontournable. On le boit fort et amer, additionné de lait concentré sucré. Le thé est en revanche assez peu consommé. Si vous avez une préférence pour cette boisson, mieux vaut emporter des sachets ; sinon, deux ou trois boutiques en vendent un large choix.

L'île de Tenerife est le principal producteur de vin des Canaries, et le rouge Tacoronte Acentejo a été le premier cru de l'archipel à obtenir une DO (Denominación de Origen). Si vous aimez la bière, privilégiez l'excellente La Dorada, brassée à Santa Cruz. Tenerife abrite aussi la brasserie artisanale bio Tierra de Perros, dont on peut trouver la production dans certains restaurants et magasins d'alimentation diététique.

Tasca 61

BIO €

9 Plan p. 52, D2

Des produits bio locaux et les principes *slow food* constituent l'épine dorsale de ce petit restaurant qui sert un choix limité de délicieux plats du jour. La bière provient de l'unique écobrasserie de Tenerife, Tierra de Perros. (Calle Viana 61 ; plats 7-9 € ; 12h30-15h30 et 19h30-22h30 mer-ven, 19h30-22h30 sam-dim)

Tapasté

VÉGÉTARIEN €

10 Plan p. 52, D4

Si votre moitié ne jure que par les hamburgers, faites-lui goûter les délicieuses versions végétariennes préparées ici, garnies notamment de houmous et d'*almogrote* (fromage épicé). Les desserts ne sont pas oubliés : essayez la tarte au chocolat et aux baies rouges. Une salle au décor dépouillé, reconnaissable à ses portes vert vif. (822 01 55 28 ; www.tapaste.es ; Plaza San Cristóbal 37 ; plats 8-12 € ; 13h-16h lun-sam)

El Tonique

CANARIEN €

11 Plan p. 52, C4

Descendez l'escalier jusqu'à ce restaurant cosy aux murs couverts de rangées de bouteilles de vin poussiéreuses : plus de 250 crus vieillissent dans les caves. La bonne cuisine justifie l'attente pour une table (surtout au déjeuner) et une assiette de *setas con gambas* (pleurotes et crevettes). (922 26 15 29 ; www.tascaeltonique.es ; Calle Heraclio Sánchez 23 ; plats 8,50-12 € ; 13h-17h et 20h-23h mar-sam, 20h-23h lun)

> Bon plan
>
> **Pourboires**
>
> Le service est compris au restaurant, mais beaucoup de clients laissent un pourboire s'ils sont satisfaits : 5% est généralement suffisant, 10% très généreux. Prévoyez 1 € pour les portiers. Dans les taxis, le pourboire n'est pas obligatoire mais toujours apprécié.

Capricho Libanés

LIBANAIS €

12 Plan p. 52, C2

Cette petite salle ne comptant que quelques tables est plébiscitée par les habitants du quartier pour son authentique cuisine libanaise. Outre les spécialités classiques (houmous, falafels, taboulé et kébabs), on trouve ici des plats du jour moyen-orientaux plus inhabituels, mais aussi des soupes (par exemple carotte-potiron). Au dessert, prenez un baklava gorgé de miel. (922 25 29 93 ; Calle Núñez de la Peña 5 ; plats 9-10 € ; 11h-23h lun-sam)

Prendre un verre

Bar 7 Vies

BAR

13 Plan p. 52, D3

Avec son fond musical relaxant et son intérieur douillet (murs bordeaux et décoration de style victorien), ce bar

Bon plan

Heures d'ouverture

Si vous comptez faire du shopping, abstenez-vous de visiter La Laguna en début d'après-midi : contrairement aux grandes stations balnéaires, les boutiques ferment presque toutes entre 13h30 et 17h. Les habitants font alors la sieste et la plupart des gens que vous croiserez dans la rue seront des touristes un peu perplexes, comme vous !

sert des tapas et un bon *menú* du jour. Une clientèle d'affaires s'y presse à la sortie des bureaux. (922 25 73 23 ; Calle Viana 35 ; 8h-23h30 ;)

Casa Viña BAR

14 Plan p. 52, B2

L'une des meilleures terrasses d'où observer le ballet des passants. Proche de la magnifique Iglesia de Nuestra Señora de la Concepción, cette *vinoteca* est gérée par le domaine vinicole réputé Viña Norte, basé à Tacorante. Pour quelques euros, offrez-vous un verre de vin accompagné de savoureuses tapas. (922 63 37 29 ; www.bodegasinsulares.es ; Plaza Concepción ; 11h-minuit lun-jeu, 11h-3h ven-sam ;)

Coffee Break CAFÉ

15 Plan p. 52, C2

Ce café à l'atmosphère citadine, orné d'une grande frise colorée représentant La Laguna, sert des boissons et des en-cas savoureux, tels que des gaufres et des gâteaux. Concerts le samedi, essentiellement de style soul jazz. (822 66 24 84 ; Calle Capitán Brotons 2 ; 7h30-14h et 17h-21h lun-ven, jusqu'à minuit sam ;)

La Pera Limonera BAR À JUS DE FRUITS

16 Plan p. 52, C2

Un petit bar convivial, de style contemporain, agréable pour boire un jus de fruits ou de légumes, ou simplement un café. Des en-cas salés et quelques délices sucrés sont également servis. (922 26 71 59 ; Calle San Agustín 29 ; 8h30-19h30 lun-ven, 9h-13h30 sam ;)

Bar Benidorm BAR

17 Plan p. 52, A1

Un bar très apprécié dans le quartier pour son délicieux *bocata de jamón* (sandwich au jambon), préparé avec des tranches découpées dans l'un des jambons en train de sécher au-dessus du bar. L'ambiance est perpétuellement animée, et les horaires très étendus. (922 25 88 62 ; Plaza Doctor Olivera 6 ; 6h-minuit)

Pub Gabbana CLUB

18 Plan p. 52, C5

Si vous avez envie de jouer les Whitney Houston, voici un club animé, prisé pour ses soirées karaoké et ses concours de chant. Situé au cœur du quartier des discothèques, il est généralement bondé d'étudiants. (922 00 00 00 ; Calle Doctor Antonio González 11 ; 18h-2h)

Shopping

Tea & Baking

ALIMENTATION

19 Plan p. 52, C3

Comme son nom l'indique, cette boutique colorée vend tout ce qu'il faut pour faire de la pâtisserie : pépites de chocolat ou de beurre de cacahuète, eau de rose, bols élégants et tabliers imprimés. On trouve aussi des biscuits Crabtree & Evelyn et un exotique thé vert à la grenade en provenance d'Arizona. (www.teaandbaking.es ; Calle Capitán Brotóns 3 ; 10h-13h30 et 17h-19h lun-ven, 10h-13h30 sam)

El Rincon Extremeño

ALIMENTATION

20 Plan p. 52, B2

Voici une bonne adresse où acheter du *jamón ibérico de bellota* (jambon de porc noir nourri aux glands) à environ 40 € le kilo, mais aussi d'autres jambons moins coûteux, vendus entiers ou, si vous manquez de place dans votre bagage à main, tranchés et emballés sous vide. Dégustations possibles (1,80-4 €) ; même chose pour les fromages, notamment un Majorero primé produit à Fuerteventura. (922 26 65 08 ; www.elrinconextremeno.net ; Plaza Concepción 1 ; 10h-14h30 et 17h30-22h30 lun-sam, 10h-14h dim)

Dicky Morgan

OBJETS VINTAGE

21 Plan p. 52, C2

Cherchez la façade aux tons bleus de cette boutique vintage pleine de charme. Vous pourrez y chiner des vêtements, des meubles et des objets d'art, dans une ambiance très citadine, pleine d'originalité et non dénuée d'humour. (922 26 70 64 ; www.dickymorganvintage.tumbir.com ; Calle San Agustín 75 ; 10h30-13h30 et 17h-20h)

100% tinerfeños

Linares

Charmante mercerie à l'ancienne, **Linares** (plan p. 52, B3 ; Calle Herradores 69-71 ; 9h-14h et 17h-19h lun-ven, 9h-4h sam) ravira ceux à qui la "mode" des années 1950 ne fait pas peur, allant des cardigans en laine, dotés de boutons en cuir, pour hommes aux peignoirs matelassés dans de beaux tissus fleuris. On y vend aussi des étoffes au mètre de toutes sortes, dans un décor en bois d'époque et il y a (parfois) des vendeuses.

Albacería

BOISSONS ET ALIMENTATION

22 Plan p. 52, C3

Cette épicerie à l'ancienne, curieusement entourée de boutiques chics, invite à la nostalgie avec un décor qui semble n'avoir pratiquement pas changé depuis son ouverture en 1952. Une adresse parfaite pour acheter des fruits frais et de l'épicerie fine en payant le produit plutôt que l'emballage. (922 25 93 31 ; Calle Herradores 49 ; 10h-14h et 18h-20h30 lun-ven, 10h-14h sam)

Explorer

Puerto de la Cruz

Jadis villégiature prisée des Anglaises de l'époque victorienne, Puerto de la Cruz a conservé un cachet certain, avec ses promenades en planches, sa place centrale verdoyante, ses jolis jardins et son port un peu décrépit mais pittoresque. C'est aussi une ville où la gastronomie est reine, surtout dans l'ancien quartier des pêcheurs de La Ranilla, où l'on trouve des bars et des restaurants pleins d'inventivité.

L'essentiel en un jour

Entrez dans la **Casa de la Aduana** (p. 74) pour visiter le **Museo de Arte Contemporáneo** (p. 68) et la boutique de souvenirs et demander une carte de la ville à l'office du tourisme. Prenez un café à l'**Ebano Café** (p. 73), puis visitez l'**Iglesia de Nuestra Señora de la Peña de Francia** (p. 69) avant de gagner la Plaza Charco en faisant du lèche-vitrine.

Après un déjeuner à **Regulo** (p. 72), enfilez vos baskets pour partir à la découverte des jardins : choisissez entre le **jardin Sitio Litre** (p. 68) proche ou le **Jardín Botánico** (p. 62, prenez un taxi). De retour dans le centre, sirotez une boisson fraîche à la **Terraza Taoro** (p. 73), avant de pousser jusqu'aux **jardins aquatiques Risco Belle** (p. 63).

Visitez le **Museo Arqueológico** (p. 69) avant qu'il ne ferme, puis laissez-vous guider par la musique jusqu'à la Plaza Charco (où des groupes traditionnels jouent au crépuscule) et prenez un verre au **Bar Dinámico** (p. 73). Flânez dans les rues de La Ranilla et offrez-vous un dîner végétarien à **El Maná** (p. 71). Finissez la journée par un concert au **Blanco Bar** (p. 74).

Pour une plongée dans la vie locale, voyez p. 64.

Les incontournables

Jardín Botánico (p. 62)

100% tinerfeños

Découvertes marines (p. 64)

Le meilleur du quartier

Restaurants

Selma & Louisa (p. 71)

La Rosa di Bari (p. 71)

Regulo (p. 72)

La Papaya (p. 72)

Shopping

La Ranilla (p. 74)

Licoreria Puerto (p. 75)

Lino Troska's (p. 75)

Casa de la Aduana (p. 74)

Parcs et jardins

Jardín Botánico (p. 62)

Sitio Litre Garden (p. 68)

Jardins aquatiques Risco Belle (p. 63)

Comment y aller

Bus Bus TITSA fréquents depuis Santa Cruz. Le n°103 (5,25 €, 40 minutes) est direct ; le n°102 passe par l'aéroport de Tenerife Norte et La Laguna.

Les incontournables
Jardín Botánico

Puerto de la Cruz compte des espaces verts de toute beauté. Le plus magnifique d'entre eux est sans doute le Jardín Botánico, un luxuriant jardin subtropical, essentiellement dédié à la flore des îles Canaries, avec plus de 30 000 spécimens sur plus de 2,5 hectares. Ce havre de paix où résonne le chant des oiseaux permet de se ressourcer en découvrant un sentier qui entraîne le visiteur, ennivré de parfums suaves, dans un dépaysant voyage botanique. Des bancs idéalement disposés permettent d'agréables pauses contemplatives.

Plan p. 66, H4

922 92 29 81

Calle Retama 2

tarif plein/réduit 3 €/gratuit

9h-18h

Un banian dans le Jardín Botánico

À ne pas manquer

Un riche passé

Une brochure gratuite présente l'histoire du jardin. Celui-ci fut créé sur l'ordre de Charles III en 1795 afin de cultiver des plantes importées des tropiques et de les introduire ensuite dans les jardins royaux de Madrid. Le climat de la péninsule Ibérique se révélant trop froid, cette implantation ne fut pas réalisée.

Des arbres remarquables

Citons l'énorme *Ficus macrophylla* vieux de 200 ans, posé sur des racines pareilles à des murs, un araucaria du Chili provenant des Andes, des *Ceiba speciosa* aux curieux troncs couverts d'épines et diverses espèces de palmiers, notamment un *Phoenix carariensis*, haut comme un gratte-ciel.

Le bassin aux nénuphars

Cet endroit ombragé est idéal pour se détendre par une chaude journée. Assis sur un banc au bord d'un bassin bucolique où flottent des nénuphars, parmi les tortues d'eau douce lézardant au soleil et les libellules volant au milieu d'une végétation subtropicale, on se sent à mille lieues du tohu-bohu de la côte.

Les jardins aquatiques Risco Belle

À moins de 1 km à l'ouest du Jardín Botánico, dans le Parque Taoro, les **jardins aquatiques Risco Belle** (carte p. 66 ; Parque Taoro ; tarif plein/réduit 4 €/gratuit ; ⏲9h30-18h ; P) évoquent une toile de Renoir, avec leurs vastes pelouses émaillées d'arbres à agrumes, de plantes tropicales, de tables et de chaises. Des sentiers mènent à un lac couvert de nénuphars, agrémenté de cascades et de ponts et peuplé de hérons et d'oiseaux qui accentuent encore le charme du lieu.

☑ À savoir

- Si vous voyez un car de tourisme à l'extérieur, revenez à un autre moment : le jardin sera bondé.
- Prenez de l'eau (et des en-cas pour les enfants) ; on n'en vend pas sur place.
- Les sentiers étant parfois humides, mettez de bonnes chaussures.
- Assez éloigné à pied du centre-ville, le jardin est desservi par plusieurs lignes de bus (horaires sur www.titsa.com).

Une petite faim ?

Devant l'entrée, la **Terraza del Botánico** (☎922 37 60 27 ; Calle Retama, edificio Retama 3 ; plats 10-15 € ; ⏲12h-23h) sert une cuisine créative dans un cadre agréable. Dans l'Hotel Botánico, **La Parrilla** (☎922 38 14 00 ; www.hotelbotanico.com ; Avenida Richard J. Yeoward 1 ; plats 10-16 € ; ⏲12h-16h et 18h-23h ; P Wi-Fi) est spécialisé dans la cuisine espagnole haut de gamme.

100% tinerfeños
Découvertes marines

Cette charmante station balnéaire aux multiples facettes plonge ses racines dans l'industrie de la pêche. Si son petit port reste physiquement et culturellement le cœur de la ville, le dédale des rues environnantes, jalonnées de jolies places et de bars en terrasse, constitue aujourd'hui l'un des quartiers de la ville les plus tendance.

1 Le port

Mêlez-vous aux pêcheurs locaux au **Bar La Muelle** (Calle Mequínez 1 ; 6h-19h lun-sam), sur le port, un endroit tout simple qui sert le meilleur *carallijo* (café et eau-de-vie) de la ville. Notez les heures d'ouverture : si vous arrivez assez tôt, vous verrez peut-être les bateaux de pêche au moment où ils rentrent dans ce petit port plein de charme.

❷ Jamónes Riviera

Les stands de **Jamónes Riviera** (port ; 9h-22h) sont une institution locale. Les habitants viennent faire le plein de fruits de mer, mais aussi de fromage, de chorizo et du célèbre *jamón serrano* (jambon Serrano), qu'on pourra vous emballer sous vide si vous souhaitez rapporter chez vous un souvenir gourmand.

❸ Calle Santo Domingo

Cette rue commerçante abrite quelques petits trésors, notamment la **Rhodian House** (Calle Santo Domingo 4 ; 10h-13h30 et 16h-20h lun-ven, 10h-13h30 sam), qui vend des bijoux faits d'ormeau naturel et de coquillages, et **Marysol** (Calle Santo Domingo 6 ; 10h-20h lun-sam), l'une des premières boutiques à avoir ouvert ici dans les années 1980, spécialisée dans les bijoux en corail, lave et argent.

❹ Fruits de mer frais

Tenue par des pêcheurs locaux, la **Confradía de Pescadores** (Calle Lonjas 5 ; plats 12-20 € ; 12h-15h ; P) est la meilleure adresse de la ville où déguster des produits de la mer – à moins de les acheter sur le stand voisin et de les cuisiner vous-même ! Faites-vous plaisir avec une paella au homard (40 € pour deux).

❺ Une pause en terrasse

À quelques pas de l'*iglesia* du XVIIe siècle, entourée d'un joli parc et d'une fontaine, la **Terraza Marquesa** (922 38 31 51 ; www.hotelmarquesa.com ; Calle Quintana 11 ; 8h-2h), devant l'un des plus vieux hôtels de la ville, est idéale pour regarder passer les gens en sirotant une *cerveza* (bière) fraîche. Des musiciens canariens font entendre des rythmes latinos tous les soirs à partir de 19h30.

❻ La Ranilla

Continuez jusqu'à cette jolie place dans le *barrio* de La Ranilla où les maisons de pêcheurs aux couleurs vives abritent aujourd'hui des restaurants et bars branchés. L'**Agora** (Plazoleta de Benito Pérez Galdós 6, La Ranilla ; 10h-minuit ;) est un café et bar à cocktails où l'on peut aussi voir des expositions, emprunter des livres, lire des magazines, faire des jeux de société et suivre des cours de salsa impromptus.

❼ Calle Mequínez

Juste à côté, cette rue animée compte quelques endroits agréables où manger et boire. Parmi eux, la **Bodega Julian** (686 55 63 15 ; Calle Mequínez 20 ; plats 9-13 € ; 18h-minuit mar-sam) offre une petite carte de spécialités, comme de la morue aux patates douces et un succulent agneau rôti. Atout supplémentaire : les propriétaires sont des musiciens accomplis.

A
B
C
D
1
2
3
4
5
Nos adresses
Les incontournables p. 62
Découvrir p. 68
Se restaurer p. 71
Prendre un verre p. 73
Sortir p. 74
Shopping p. 74
OCÉAN ATLANTIQUE
Puerto Pesquero
Iglesia de Nuestr Señora de la Peñ de Francia
Museo de Arte Contemporáneo
Plaza Europa
Iglesia de San Francisco
Museo Arqueológico
Castillo de San Felipe
Playa Jardín
El Cardumen
Parque Taoro
C Mequínez
C Villanueva
C Peñita
C San Felipe
C Verdad
C Puerto Viejo
C Blanco
C San Juan
C Agustín de Bethencourt
C Cólogan
C de Pérez Zamora
C Nieves Ravelo
C Dr Ingram
C Pozo
C Cupido
C le Sala
C Lomo Nieve
Paseo Luis Lavagi
Av José del Campo Llarena
Av Melchor Luz
Barranco San Felipe
Carreterac
1 2 3 4 5 6 8 10 11 12 13 14 15 16 17 19 20 21 22 25 26 27 28 30 31 32

E
F
G
H
0
500 m
1
2
3
4
5
Lago Martiánez
7
Playa Martiánez
9
Av Colón
Av Venezuela
Paseo San Telmo
24
C Obispo Pérez Cáceres
Betancourt y Molina
C Hoya
29
C Iriarte
C Zamora
C Esquivel
C Dr Pisaca
Av Familia
C Valois
C Aguilar y Quesada
Barranco Martiánez
Camino Robado
Calzada Martiánez
Camino San Amaro
Jardín Botánico
Jardin Sitio Litre
1
Jardins aquatiques Risco Belle
Taoro
Av Marquès Villanueva Prado

Découvrir

Jardin Sitio Litre

JARDIN

1 Plan p. 66, F4

Ce ravissant jardin mérite une visite. Promenez-vous le long des allées pour en découvrir les plantes et les fleurs tropicales et subtropicales, les fontaines, ainsi que le plus ancien *drago* (dragonnier) de la ville. Ne manquez pas la serre remplie d'orchidées, joliment présentées et légendées. Sur place également : un attrayant café en terrasse et une boutique de souvenirs (assez kitsch). Une brochure gratuite explique l'histoire du jardin, liée aux Britanniques. (www.jardindeorquideas.com ; Camino Robado ; adulte/enfant 4,75 €/gratuit ; 9h30-17h)

Museo de Arte Contemporáneo

ART

2 Plan p. 66, D2

Premier musée d'art contemporain ouvert en Espagne (en 1953), il possède une collection, bien scénographiée, d'œuvres de grands artistes étrangers, espagnols et canariens, tels Will Faber, Óscar Domínguez et César. Le cadre (l'ancien hôtel des douanes) est presque aussi attrayant que les

Comprendre

La cochenille

Cet insecte dont on tire une teinture rouge vit sur les figuiers de Barbarie qui poussent à l'état sauvage un peu partout à Tenerife, et notamment à Puerto de la Cruz. L'histoire raconte que les Espagnols découvrirent ce pigment au Mexique au XVIe siècle et l'introduisirent en Europe en le présentant comme étant extrait d'une graine (ce qui semblait sans doute plus appétissant que de la poudre d'insecte broyé... surtout pour les fards).

Dans les années 1850, la cochenille était un important produit d'exportation à Tenerife. Les figuiers de Barbarie avaient alors remplacé les vignes attaquées par le phylloxéra qui avait mis à mal une industrie viticole lucrative. Le pigment provient de la cochenille femelle. Celle-ci enfonce sa trompe tubulaire dans la peau du cactus pour en tirer le suc et y reste fixée toute sa vie, tout en produisant un enduit blanc cireux qui la protège contre les oiseaux et les insectes prédateurs. Après environ trois mois, on récolte les insectes, on les sèche, puis on les broie pour en extraire le pigment. Il faut environ 70 000 cochenilles pour produire 500 grammes de teinture.

L'apparition des pigments synthétiques à la fin du XIXe siècle a entraîné le déclin de l'industrie de la cochenille, bien que cette substance soit encore utilisée par l'industrie pharmaceutique pour colorer pilules et pommades (elle figure dans la liste des ingrédients sous le nom de "carmin").

œuvres. (Casa de la Aduana, Calle Lonjas ; adulte/enfant 1,50 €/gratuit ; ⏲10h-14h lun-sam)

Museo Arqueológico ARCHÉOLOGIE

3 Plan p. 66, C3

Ce petit musée bien aménagé présente un aperçu du mode de vie guanche, avec la reconstitution d'un habitat troglodyte et d'une grotte funéraire, où des pots et ornements en argile témoignent de la croyance en une vie après la mort. L'objet le plus intéressant est une petite idole en argile, l'une des rares à avoir été découvertes. (www.museosdetenerife.org ; Calle Lomo 9 ; adulte/enfant 1 €/gratuit ; ⏲10h-13h et 17h-21h mar-sam, 10h-13h dim)

Iglesia de Nuestra Señora de la Peña de Francia ÉGLISE

4 Plan p. 66, D3

Cette jolie église du XVIIe siècle possède trois nefs, un plafond de style mudéjar et l'effigie du Gran Poder de Dios, l'un des saints les plus révérés de la ville. Un luxuriant jardin paysager borde le parvis. (Calle Quintana ; ⏲8h-18h)

Iglesia de San Francisco ÉGLISE

5 Plan p. 66, D3

Près de la célèbre Plaza del Charco, l'Iglesia de San Francisco jouxte la petite Ermita de San Juan, l'édifice le plus ancien de la ville (1599). (Calle Quintana ; ⏲horaires variables)

L'Iglesia de Nuestra Señora de la Peña de Francia

Playa Jardín PLAGE

6 Plan p. 66, A4

Cette “plage-jardin” de sable noir, à l'ouest du centre-ville, possède de bonnes infrastructures, dont des toilettes et des douches. D'énormes rochers ont été déposés dans la mer pour éviter qu'elle n'emporte le sable. (Paseo Luis Lavagi ; P)

Lago Martiánez BAIGNADE

7 Plan p. 66, F2

Conçu par l'artiste et architecte de Lanzarote César Manrique, ce parc aquatique comprend quatre piscines d'eau de mer et un vaste lac artificiel au centre. Il est parfois aussi bondé que les plages volcaniques alentour. Venez nager, bronzer et vous restaurer dans l'un des restaurants et bars du complexe balnéaire. (☎922 37 05 72 ; Avenida Colón ; tarif plein/réduit 3,50/1,20 € ; ⏰10h-crépuscule)

Castillo de San Felipe CHÂTEAU

8 Plan p. 66, A4

Ce modeste château proche de la Playa Jardín accueille des expositions artistiques temporaires et programme régulièrement des spectacles de théâtre et de danse. Il était fermé pour rénovation lors de notre passage ; renseignez-vous à l'office du tourisme. (☎922 37 30 39 ; Paseo Luis Lavaggi 12)

> 100% tinerfeños
>
> **Fêtes insolites**
>
> Outre son carnaval débridé, Puerto de la Cruz accueille d'autres festivités étonnantes.
>
> **San Juan** La veille de la Saint-Jean (23 juin), on allume des feux de joie et, souvenir de l'époque guanche, on emmène des chèvres se baigner dans la mer à la Playa Jardín.
>
> **Fiesta de los Cacharros** Lors de cette fête célébrée le 29 novembre, les enfants courent dans les rues en traînant derrière eux de vieilles casseroles, des bouilloires, des poêles, des pièces détachées de voitures, des boîtes de conserve ou tout objet pouvant faire du bruit.

Playa Martiánez PLAGE

9 Plan p. 66, G2

Cette longue étendue de sable noir se situe à l'extrémité est de la ville. Une grande jetée transforme les grosses houles de l'Atlantique en vagues plus douces, idéales pour apprendre à surfer. (Avenida de Colón)

El Cardumen PLONGÉE, PARAPENTE

10 Plan p. 66, B4

Ce prestataire assure des cours de plongée, dont une "plongée d'essai" pour les novices, mais aussi des séances de parapente si vous préférez glisser dans les airs. (☎670 38 30 07 ; www.elcardumen.com ; Avenida Melchor Luz 3)

Loro Parque ZOO

11 Plan p. 66, A4

Dans tout Tenerife, le drapeau du Loro Parque est tellement omniprésent que l'on pourrait croire que ce zoo parraine l'île. Vous verrez ici plus de 350 espèces de perroquets (le plus grand rassemblement au monde), ainsi que des tigres, des gorilles et des chimpanzés. Des orques et des dauphins sont utilisés pour des spectacles ; selon des chercheurs, la captivité est débilitante et stressante pour ces animaux, un effet encore accentué par les interactions avec l'homme. (☎922 37 38 41 ; www.loroparque.com ; Avenida Loro Parque ; tarif plein/réduit 34/23 € ; ⏰8h30-18h45 ; P)

Se restaurer

El Maná

BIO, VÉGÉTARIEN **€€**

12 Plan p. 66, C3

Choisissez parmi de délicieux plats innovants, qui changent selon les produits récoltés dans le potager. Attendez-vous à des combinaisons inhabituelles, comme les raviolis maison aux pommes vertes et raisins secs, et le couscous de légumes avec une sauce *ajoblanco* (à base d'amandes). Terminez sur une note sucrée, avec la *panna cotta* vanille-mangue. (www.elmana.es ; Mequínez 21, La Ranilla ; plats 9-16 € ; 13h-16h et 19h-22h mer-dim ;)

Selma & Louisa

SUÉDOIS **€**

13 Plan p. 66, C3

Suivez l'odeur alléchante des roulés à la cannelle jusqu'à ce café écolo tenu par une Suédoise et sa fille. Les savoureux petits-déjeuners comprennent muesli maison, œufs brouillés et crêpes légères. Les soupes du jour sont tout aussi bonnes, de même que les sandwichs, les quiches et les pâtisseries. (Calle Lomo 18, La Ranilla ; petit-déj 4,50-5 € ; 8h30-19h mar-dim ;)

Restaurante Mil Sabores

MÉDITERRANÉEN **€€**

14 Plan p. 66, C2

Temple autoproclamé de la gastronomie méditerranéenne moderne, ce restaurant se distingue autant par sa décoration que par sa cuisine. Essayez une brochette de crevettes avec maïs grillé et parmesan, ou un plat mariant savamment porc, pomme et bacon. L'endroit est élégant sans être guindé. Réservation recommandée. (922 36 81 72 ; Calle Cruz Verde 5, La Ranilla ; plats 12-18 € ; 12h-23h)

100% tinerfeños

Les guachinches

Un abri de jardin, un salon familial, un garage vide : voici quelques-uns des endroits où se tiennent des *guachinches*, ces gargotes servant des repas traditionnels à moins de 10 €. Particulièrement répandus dans le Nord et très courus le week-end, les *guachinches* sont difficiles à dénicher quand on n'est pas du coin. Pour vous aider à partir à l'aventure, vous pouvez télécharger l'application Android ou Apple guachapp, consulter la page facebook Guachinches de Tenerife, régulièrement actualisée, ou vous adresser à l'office du tourisme.

La Rosa di Bari

ITALIEN **€€**

15 Plan p. 66, C3

Dans une charmante vieille maison comptant plusieurs salles romantiques, ce restaurant sans prétention est l'un des plus chics de la ville. Régalez-vous de plats originaux comme les tagliatelles noires aux courgettes et crevettes, ou le poisson en croûte de moutarde. (922 36 85 23 ; www.larosadibari.com ; Calle Lomo 23,

100% tinerfeños

Des churros sur le port

Pour déguster les meilleurs *churros* de la ville, rendez-vous sur le port à la **Churreria Perdomo** (churros 1 € ; 6h-18h lun-sam) pour vous régaler de ces croustillants beignets à tremper dans du chocolat chaud. Essayez aussi les *porras*, plus épais mais tout aussi délicieux.

La Ranilla ; plats 11-17 € ; 12h30-14h45 et 19h-22h45 mar-sam, 12h30-16h dim)

Tasca el Olivo

MÉDITERRANÉEN €€

16 Plan p. 66, D3

Une cuisine méditerranéenne solide, avec un côté innovant. Les plats mêlant viande et poisson, comme la longe de porc aux crevettes, font le régal des habitants, qui classent ce restaurant parmi les meilleurs de la ville. Avec quelques lampes en moins, la salle gagnerait toutefois en intimité. (922 38 01 17 ; Calle Iriarte 1 ; plats 9-15 € ; 13h-16h et 17h-22h30 mar-dim)

Regulo

CANARIEN €€

17 Plan p. 66, C3

Le cadre est charmant : une bâtisse deux fois centenaire avec des sols inégaux qui craquent sous les pieds, des meubles anciens et plusieurs petites salles sur trois étages autour d'un patio verdoyant. Une clientèle d'habitants et de touristes se régalent ici de plats simples mais raffinés, comme le saumon au champagne. Service parfois lent. (922 38 45 06 ; www.restauranteregulo.com ; Calle de Pérez Zamora 16 ; plats 9-15 € ; 18h-1h lun, 12h30-15h et 18h-23h mar-sam)

El Limón

VÉGÉTARIEN €

18 Plan p. 66, D3

Ce pimpant restaurant propose une carte qui comprend des burgers végétariens, des kébabs de seitan, des salades et des jus de fruits frais. Menu d'un bon rapport qualité/prix au déjeuner (10 €). La clientèle est presque exclusivement tinerfiña. (Calle Esquivel 4 ; plats 7-10 € ; 12h-23h lun-dim ;)

La Papaya

CANARIEN €€

19 Plan p. 66, C3

Prisée de longue date, cette adresse compte plusieurs petites salles aux murs en pierre. Son joli patio est aménagé autour d'un bel arbre drapé de bougainvilliers. Des mets comme le succulent saumon à la *malvasía* (malvoisie) apportent des touches canariennes à la carte. Grand choix de plats pour les enfants. (922 38 28 11 ; Calle Lomo 10, La Ranilla ; plats 10-16 € ; 12h-16h et 19h-23h jeu-mar ;)

Meson los Gemelos

CANARIEN €

20 Plan p. 66, C3

Un restaurant accueillant à l'ambiance sympathique, spécialisé dans les viandes grillées. Des plantes suspendues, des fougères et des objets agricoles décorent le patio couvert. Vu sa popularité croissante auprès des touristes, préparez-vous à patienter. Réservation conseillée. (922 37 01 33 ; Calle Peñón 4 ; plats 8-10 € ; 12h-23h jeu-mar ; P)

Prendre un verre

Terraza Taoro
BAR

21 Plan p. 66, D4

Arrivé en haut des 200 marches qui montent depuis le centre-ville, vous aurez bien mérité une boisson fraîche, à siroter sur une terrasse jouissant d'une vue panoramique sur la ville et la côte. Les cafés haut de gamme et les cocktails sophistiqués servis ici justifient la popularité de l'endroit. Des en-cas salés et sucrés sont également vendus. (922 38 88 68 ; www.terrazataoro.com ; Carretera de Taoro 9 ; 10h-22h)

La Tasquita Flamenca
BAR

22 Plan p. 66, B3

Enfilez une robe à volants et à pois et rejoignez ce petit bar andalou, qui programme tous les soirs des concerts de guitare flamenco. La carte de tapas, typique du sud de l'Espagne, comprend notamment des crevettes grillées (de Huelva) et des aubergines frites au sirop de sucre de canne, une spécialité de Málaga. (Calle Mequínez 49 ; 13h-minuit mar-dim)

Ebano Café
CAFÉ

23 Plan p. 66, D3

Un superbe bâtiment avec de nombreux éléments d'origine, idéal pour boire un cocktail ou un bon cappuccino en surfant sur Internet. Installez-vous en terrasse dans un confortable fauteuil en osier à quelques pas de l'église. Sert aussi des tapas. (Calle Hoya 2 ; 10h-minuit ;)

Azucar
CLUB

24 Plan p. 66, F3

Ce club latino, à l'atmosphère plutôt *caliente*, occupe un bel édifice colonial. (Calle Obispo Pérez Cáceres ; 22h30-6h)

Colours Café
BAR

25 Plan p. 66, C3

Ce bar à cocktails est situé au-dessus d'une pizzeria, parmi une rangée de restaurants animés. Asseyez-vous près d'une fenêtre avec vue sur la place. Le cadre décontracté et le fond musical

100% tinerfeños

Le Bar Dinámico

Dans une ville où les bars et les cafés disparaissent aussi vite qu'ils sont créés, le **Bar Dinámico** (Plaza Charco ; 9h-minuit ;) existe sous une forme ou une autre depuis les années 1950 et a notamment accueilli, dans deux styles très différents, Agatha Christie et... les Beatles ! Cette vaste terrasse à l'ambiance latino-américaine, au centre de la Plaza Charco, a plus de caractère que bien des établissements alentour.

afro-latino en font un bon endroit pour démarrer la soirée avant d'aller faire la fête. (Plaza Charco ; 20h-2h mer-lun)

Sortir

Blanco Bar

CONCERTS, SPECTACLES

26 Plan p. 66, D3

Consultez le site Internet avant de venir : outre les concerts, la programmation comprend des spectacles d'humoristes, réservés à ceux qui parlent espagnol, et des expositions artistiques. Ambiance excellente, boissons à prix raisonnables et entrée gratuite pour les concerts. (620 95 51 97 ; www.blancobar.com ; Calle Blanco 12 ; 20h-3h dim-jeu, 21h-5h30 ven-sam ;)

Shopping

La Ranilla

ARTISANAT

27 Plan p. 66, B3

Dans une petite maison de pêcheur peinte en turquoise éclatant, cette boutique est spécialisée dans les objets d'art et d'artisanat de production locale, notamment des bijoux, des céramiques, des textiles et des jouets. Pas d'ânes en paille tressée ici, mais des boucles d'oreille de couleurs vives à base de vieux CD et des marionnettes fabriquées à la main. (922 38 50 87 ; www.laranillaespacioartesano.com ; Calle Mequínez 59 ; 10h-14h et 17h-19h lun-sam)

Casa de la Aduana

ARTISANAT

28 Plan p. 66, D2

La plus vaste sélection d'artisanat de qualité de la ville, à des prix un

Comprendre

Les vins de Tenerife

S'ils restent peu connus à l'étranger, les vins de Tenerife (et plus généralement des Canaries) commencent néanmoins à se faire un nom. Le plus réputé et le premier à avoir reçu une DO (Denominación de Origen), qui garantit sa qualité et son origine régionale, est le rouge Tacoronte Acentejo. Les vins produits à Icod de los Vinos et à Güímar méritent aussi l'attention. La **Casa del Vino La Baranda** (922 57 25 35 ; www.casadelvinotenerife.com ; Autopista del Norte, El Sauzal ; entrée libre ; 10h30-18h30 mar, 9h-21h mer-sam, 11h-18h dim ; P), à El Sauzal, organise des cours d'œnologie. Installé dans une demeure rurale traditionnelle, ce musée dédié au vin et à la production vinicole offre l'occasion de déguster des crus locaux moyennant un prix modique. Parmi les autres boissons locales, on peut aussi citer La Dorada, une bière de style lager brassée à Santa Cruz de Tenerife qui rivalise aisément avec les marques importées du continent.

peu élevés mais justifiés : bijoux de créateurs locaux, belles céramiques, objets en pierre, verrerie, jouets originaux, élégants éventails peints à la main et beaux tissus. Le traiteur-*bodega* voisin vend des vins locaux et des produits gourmands. (922 37 81 03 ; Calle Lonjas 8-10 ; 10h-20h lun-sam)

Licoreria Puerto ALIMENTATION

29 Plan p. 66, E3

Le lieu idéal pour acheter des spécialités canariennes à rapporter chez vous : liqueur de banane (dégustation possible), épices *mojo*, produits à l'aloe vera, conserves bio, miels, confitures (notamment au cactus) et bonbons. (922 38 18 15 ; Calle Hoya 22 ; 10h-13h30 et 17h-19h30 lun-ven, 10h-14h sam)

Lino Troska's ACCESSOIRES

30 Plan p. 66, D2

Outre un petit choix de vêtements et foulards en soie peinte d'un goût exquis, on vend ici des céramiques, des objets déco et des bijoux en lave volcanique, argent, or et pierres ou minéraux semi-précieux, créés par des artisans et designers canariens. (619 53 11 60 ; Calle Santo Domingo 7 ; 10h-20h lun-sam)

Carey MODE, ACCESSOIRES

31 Plan p. 66, C2

Cette petite boutique enchanteresse vend de superbes bijoux, des vêtements pour femmes et des accessoires à la fois chics et décontractés, comme des ceintures pailletées et des pochettes de soirée scintillantes. (922 38 87 23 ; Calle Mequínez 13 ; 10h-14h et 17h-19h30 lun-ven, 10h-14h sam)

Comprendre

Concerts

Puerto de la Cruz possède l'une des scènes musicales les plus dynamiques de Tenerife. La plupart des restaurants et de nombreux bars accueillent régulièrement des musiciens de talent. La concurrence est rude et la qualité des prestations étonnamment élevée. Les rythmes latinos omniprésents s'expliquent par la forte influence sud-américaine. Quand le soir tombe, dirigez-vous vers la Plaza Charco pour entendre des groupes locaux. Ici, l'espace ne manque pas pour danser : après un ou deux mojitos, peut-être vous laisserez-vous tenter...

Atlantico Shop OBJETS MAROCAINS

32 Plan p. 66, D2

Bien que les produits en cuir vendus ici viennent du Maroc, le marchandage n'est pas de mise. Bon rapport qualité/prix et large choix : chaussures, ceintures, manteaux et sacs, présentés dans une vaste salle. Petit bémol : certains modèles semblent un peu datés et on aimerait voir des couleurs un peu plus vives. (922 37 51 24 ; Calle Santo Domingo 12 ; 9h30-14h et 17h-20h lun-sam)

Explorer

La Orotava

Il semblerait que rien ne manque à cette ville coloniale : rues pavées, places abondamment fleuries et plus de demeures castillanes que dans tout le reste de l'île. La Orotava, parmi les plus charmantes localités de Tenerife, est entourée de luxuriantes vallées plantées de bananiers, de châtaigniers et de vignobles. Qui plus est, des sentiers de charme ont de quoi ravir les amateurs de marche.

L'essentiel en un jour

Débutez votre visite par le **Museo de las Alfombras** (p. 85), puis faites un saut à la **Casa del Turista** (p. 85) pour faire provision de souvenirs, avant de traverser la route pour admirer les atours de la **Casa de los Balcones** (p. 78). Accordez-vous une pause café dans la cour du **Tascafe Grimaldi** (p. 88), puis allez goûter les excès baroques de l'**Iglesia de la Concepción** (p. 86).

Après un déjeuner au **Bar la Duquesa** (p. 87), prenez le temps d'une courte méditation sur un banc au cœur de la végétation de la **Hijuela del Botánico** (p. 86). Puis descendez la rue afin d'explorer les **Jardínes del Marquesado de la Quinta Roja** (p. 83). Il sera alors temps d'aller siroter une *cerveza* au **Tapias La Bodega** (p. 86).

À quelques numéros de là, l'office du tourisme affiche le programme de la soirée. Faites du lèche-vitrines dans la même rue et achetez du *jamón* (et du fromage) au **Depatanegra Ibericos** (p. 89). Rejoignez ensuite le **Museo de Artesania Iberoamericana** (p. 83), avant de rebrousser chemin vers la place la plus animée de la ville pour prendre un verre à **La Tasca de Bullicio** (p. 88). Dînez sur place ou préférez le jovial **El Aliño** (p. 88), juste à côté.

Pour une plongée dans la vie locale, voyez p. 80.

Les incontournables

Casa de los Balcones (p. 78)

100% tinerfeños

Tascas et artisanat intemporels (p. 80)

Le meilleur de La Orotova

Cuisine traditionnelle

La Tesela (p. 81)

Sabor Canario (p. 86)

Tapias La Bodega (p. 86)

Tascafe Grimaldi (p. 88)

Édifices historiques

Casa de los Balcones (p. 78)

Casa del Turista (p. 85)

Museo de Artesania Iberoamericana (p. 83)

Casa Torrehermosa (p. 81)

Liceo de Taoro (p. 81)

Comment y aller

Bus Le n°345 de TITSA (1,45 €, 20 minutes) part de Puerto de la Cruz toutes les 30 minutes environ, de 5h40 à 21h55.

Taxi De Puerto de la Cruz, comptez environ 10 € en taxi. Consultez www.titsa.com pour les horaires complets.

Les incontournables
Casa de los Balcones

La Orotava a su préserver la beauté de son patrimoine. Ses demeures traditionnelles, dotées de cours intérieures et d'impeccables jardins alentour, ont parfois l'allure de galions de pirates. La Calle San Francisco recèle la plus forte concentration de joyaux architecturaux du XVIIe siècle, témoignant de l'époque où les aristocrates les plus fortunés de l'île habitaient ici. Indéniablement, la plus caractéristique de ces maisons traditionnelles est la Casa de los Balcones, à la popularité justifiée.

Plan p. 82, A4

www.casa-balcones.com

Casa Fonseca,
Calle San Francisco 3

accès libre

8h30-18h30

À ne pas manquer

Culture et artisanat
Les salles du rez-de-chaussée de la Casa de los Balcones s'articulent autour d'un patio verdoyant renfermant une exposition dédiée à l'artisanat local. L'une d'elles est notamment consacrée à la dentelle avec, parfois, une démonstration des dentelières. À noter également la *bodega* traditionnelle, où vous pourrez goûter la liqueur de banane.

Musée
De nombreux touristes s'arrêtent à l'espace d'exposition et de vente au rez-de-chaussée, manquant ainsi le musée délicieusement décalé au 1er étage. On y trouve des salles abritant des objets du XVIIe siècle et une grand-mère alitée qui ne manquera pas de vous faire sourire. C'est aussi le meilleur endroit pour photographier le bâtiment, avec sa vue fabuleuse sur la cour en contrebas et ses boiseries savamment sculptées.

La Casa Lercaro
Cette **demeure** du XVIe siècle (www.casalercaro.com ; Calle Colegio 5-7 ; restaurant 10h-19h dim-mer, 10h-23h jeu-ven) est considérée par beaucoup comme l'exemple le plus représentatif de l'architecture canarienne traditionnelle. Notez les boiseries baroques finement ouvragées, notamment celles des splendides balcons traditionnels. La cour intérieure, garnie de plantes, abrite aujourd'hui un restaurant ; cherchez l'*Adoración de los Pastores* (XVIIe siècle), une sculpture typique de l'école génoise. L'édifice abrite également une boutique de décoration.

À savoir

- Le site étant très prisé des groupes de voyageurs, venez de préférence tôt le matin ou en fin d'après-midi.
- Arrivez si possible en bus ou en taxi, car il est difficile de stationner à proximité.
- À l'office du tourisme, procurez-vous une carte détaillant les demeures historiques de La Orotava, dont beaucoup sont voisines de la Casa de los Balcones.

Une petite faim ?

Le matin, installez-vous en terrasse pour savourer les tapas de l'excellent Bar la Duquesa (p. 87). Sinon, commandez un verre ou quelque chose de plus consistant au Tascafe Grimaldi (p. 88), en appréciant la vue sur la magnifique vallée de La Orotava, au charme inégalable.

100% tinerfeños
Tascas et artisanat intemporels

Nichées entre des cours verdoyantes et des rues pentues, des échoppes vendent l'artisanat et les produits du terroir, tandis que des moulins continuent de moudre les céréales à l'ancienne. Laissez-vous guider par le bruit des dominos, qui vous conduira jusqu'à l'un des nombreux bars à l'ancienne de la ville, les *tascas* – ce sera l'occasion de savourer des tapas à petits prix dans une ambiance unique.

❶ Café los Balcones

Ignoré des touristes en route pour le centre-ville, le **Café los Balcones** (Calle San Francisco 10 ; petit-déj 3-5 € ; ⌚8h-19h) est un *tasca* sans chichis situé dans un bâtiment historique, parfait pour démarrer la journée avec un excellent café accompagné d'une *tostada con tomate* (pain grillé, coiffé de tomates et d'huile d'olive). Omelettes et autres en-cas sont également disponibles.

❷ La Maquina, Molino de Gofio

Jadis aliment de base des Guanches, le *gofio* est un mélange de blé et de maïs moulus, ayant la consistance d'une farine complète. À **La Maquina** (☎922 33 07 03 ; Calle San Francisco ; ⏲8h-13h et 14h30-18h30 lun-ven, 9h30-13h sam), admirez le meunier à l'œuvre et achetez un petit sac de *gofio* (1,50 € ; nature ou avec cannelle, chocolat ou vanille), à saupoudrer sur vos céréales ou desserts.

❸ Artisanat des Canaries

Comme son nom l'indique, **Canarias Concept** (Calle Carrera Escultor 23 ; ⏲10h-19h lun-sam) vend exclusivement des produits fabriqués aux Canaries. Son vaste espace renferme une pléthore de bijoux, céramiques, œuvres d'art, jouets faits main et objets décoratifs, ainsi qu'un coin gourmet avec des produits comme le miel de palme, les pâtes à tartiner à base de cactus, les *tortas de almendras* (biscuits aux amandes) et les vins régionaux.

❹ L'heure de la *torta*

Fondée en 1916, la **Casa Egon** (Calle León 5 ; gâteau 0,80-1 € ; ⏲10h-20h30) est la plus ancienne pâtisserie des Canaries. L'endroit a su conserver son atmosphère d'antan, avec ses murs aux tons crème, sa balance à l'ancienne et son carrelage d'origine au sol. Parmi les *tortas* (biscuits) les plus classiques, citons les *roscos* à base *d'anís* et le *cabello de angel* (sorte de chausson aux pommes).

❺ Liceo de Taoro

Le **Liceo de Taoro** (www.liceodetaoro.es ; ⏲9h-23h lun-dim), du XIXe siècle, jouit d'un emplacement magnifique au-dessus de la place. Bien que l'endroit soit devenu un club privé, on peut toujours commander à l'intérieur, puis siroter son verre sur la terrasse qui domine les jardins d'agrément, plantés d'oiseaux de paradis et de poinsettias, avec vue sur les toits.

❻ La Tesela

Rejoignez la clientèle à casquette au comptoir de **La Tesela** (Calle San Augustín 9 ; tapas 2 €, plats 7-9 € ; ⏲11h-13h et 16h-20h mer-dim), une *tasca* sans chichis en face d'un dynamique club de retraités. Au menu, des tapas maison (croquettes de pommes de terre, tortilla) et des plats plus consistants comme le ragoût de chèvre. La carte des boissons fait se cotoyer les milk-shakes et les vins locaux.

❼ Casa Torrehermosa

Artenerife, l'excellente chaîne d'artisanat de l'île, a installé une antenne locale dans cette magnifique demeure du XVIIe siècle. La **Casa Torrehermosa** (www.artenerife.com ; Calle Tomás Zerolo 27 ; ⏲10h-17h lun-ven, 10h-13h sam) fournit un cadré raffiné à une sélection d'œuvres d'art, poteries, bijoux et créations artisanales, du délicat éventail peint à la main jusqu'à la céramique originale, en passant par l'article en verre. À noter également les spécialités gastronomiques et le *gofio* provenant du moulin originel de La Orotava.

A
B
C
D
1
2
3
4
5
Nos adresses
Les incontournables p. 78
Découvrir p. 83
Se restaurer p. 86
Shopping p. 89
Museo de Artesania Iberoamericana 2
Jardínes del Marquesado de la Quinta Roja 1
Iglesia de la Concepción 6
Hijuela del Botánico 5
Museo de las Alfombras 3
Casa del Turista 4
Casa de los Balcones
Plaza Franchi Alfaro
Plaza San Sebastián
Plaza Patricio García
Plaza de la Constitución
Plaza San Francisco
Plaza San Juan
C Calvario
C Tejar
Av Obispo Benítez de Lugo
C García Beltrán
C de Juan Cullen
C San Sebastián
Av Luque Moreno
Av de Canarias
Av Sor Soledad Cobián
C Santo Domingo
C Nicandro González Borges
C Juan Padrón
C Viera
C Tomás Zerolo
C Rosales
C Gral Caraveo Grimaldi
C Magistrado Barreda
C Quinta
C Balcón
C Gral Machado
C Cólogan
C Inocencio García
C Silla
Carrera Escultor Estévez
C Colegio
C San Augustín
C Duquesa
C Tomás Pérez
C Educadora Lucía Mesa
Linares R
C Nicolás de Ponte
C Radapalla
C San Francisco
C Hermano Apolinar
C León
C Altavista
C San Juan
C Cantillo
Av Carrero Blanco
Bodega el Reloj
C Fernando Fuentes
C Nueva
C Bicha
C Dr Domingo González García
0
200 m

Jardínes del Marquesado de la Quinta Roja

Découvrir

Jardínes del Marquesado de la Quinta Roja
JARDINS

1 Plan p. 82, C3

Ces jardins à flanc de coteau d'inspiration française (XVIIIe siècle), également appelés Jardín Victoria, sont coiffés d'un petit mausolée en marbre, érigé pour accueillir la sépulture du Marqués de la Quinta Roja. Toutefois, après un différend opposant l'épouse et la mère dudit marquis, la crypte ne servit pas sa mission originelle : on ignore donc qui se trouve à l'intérieur. (Plaza de la Constitución ; accès libre ; 9h-18h lun-ven, 10h-15h sam-dim)

Museo de Artesania Iberoamericana
MUSÉE

2 Plan p. 82, B2

Logé dans l'ancien Convento de Santo Domingo, ce musée explore le lien culturel entre les Canaries et les

Bon plan

Arriver en bus

Si vous arrivez en bus à La Orotava, demandez au conducteur de vous déposer dans le centre historique (*centro histórico*) plutôt qu'à la gare routière, qui constitue le terminus et se trouve à 15 minutes de marche (en montée) de là.

Comprendre

Paysages volcaniques et vie animale

Les sept îles (et six îlots) qui composent les Canaries sont les points culminants d'une vaste chaîne volcanique immergée dans l'Atlantique. Elles sont apparues il y a 30 millions d'années, lorsque le choc de plaques tectoniques fit surgir d'énormes montagnes à la surface. Après cet épisode fondateur, plusieurs éruptions volcaniques apportèrent la touche finale au relief de l'archipel.

El Teide

Avec El Teide (voir aussi p. 116), Tenerife compte le troisième volcan le plus élevé de la planète. Il s'agit d'un volcan bouclier, une énorme masse qui s'élève suivant un angle peu prononcé jusqu'à atteindre un sommet coiffé d'un cratère plat aux parois abruptes. Calme en apparence, El Teide est pourtant loin d'être éteint. Même si sa dernière (et modeste) éruption remonte à 1909, d'impressionnantes volutes d'air chaud, parfois visibles autour de son sommet, vous en feront prendre conscience.

Dragonnier des Canaries

Parmi les arbres les plus curieux que vous apercevrez ici figure l'imposant dragonnier des Canaries. Évoquant un gigantesque bouquet, il peut atteindre 18 m de haut et vivre des centaines d'années. La petite ville d'Icod de los Vinos, dans le nord-ouest de Tenerife, abriterait le plus vieux spécimen de la planète, âgé de quelque deux mille ans.

Faune

La faune de Tenerife reste de taille modeste, et largement invisible à l'œil profane. Les créatures les plus imposantes que vous apercevrez ici sont les lézards et les oiseaux, avec quelque 200 espèces ailées – dont le joli pinson bleu et quatre autres variétés endémiques. Les canaris, nous vous le confirmons, sont bien originaires d'ici, même si les spécimens sauvages arborent un plumage nettement plus terne que leurs cousins domestiques. Si vous avez un faible pour les grands animaux, vous devrez vous rabattre sur l'océan. La bande d'eau qui sépare Tenerife et La Gomera est le territoire de chasse traditionnel de quelque 26 espèces de baleines, tandis que d'autres mammifères marins l'empruntent durant la migration, notamment la baleine pilote, le grand cachalot et le grand dauphin.

Casa del Turista

Amériques. Parmi les pièces exposées figurent des instruments de musique, des céramiques et divers autres objets. À noter l'excellente boutique de souvenirs. (musée de l'Artisanat ibéro-américain ; Calle Tomás Zerolo 34 ; adulte/enfant 2 €/gratuit ; ⏲9h-18h lun-ven, 9h30-14h sam)

Museo de las Alfombras ART SACRÉ

3 Plan p. 82, A4

Ce musée célèbre le Corpus Christi (fête du Saint Sacrement, ou Fête-Dieu) à travers ses traditionnels tapis (voir aussi la photo p. 87) confectionnés à partir de fleurs et de sables colorés provenant d'El Teide. Installées dans une magnifique demeure de 1642, les pièces exposées retracent l'histoire de cette tradition, ainsi que son processus. Profitez par ailleurs de la délicieuse évocation des éditions passées, avec un film en noir et blanc de 10 minutes. (Calle San Francisco 5 ; adulte/enfant 2 €/gratuit ; ⏲10h-14h lun-ven)

Casa del Turista ÉDIFICE HISTORIQUE

4 Plan p. 82, A4

Cet ancien couvent du XVIe siècle abrite aujourd'hui une boutique d'artisanat où l'on peut admirer un tapis confectionné à partir de sable volcanique, typique des ouvrages fabriqués pour la fête du Corpus Christi. (Calle San Francisco 4 ; ⏲9h-18h30)

Hijuela del Botánico

JARDINS

5 Plan p. 82, B3

Ce charmant petit jardin botanique, organisé autour d'un magnifique dragonnier des Canaries, est un prolongement du Jardín Botánico, à Puerto de la Cruz. Il renferme quelque 3 000 espèces végétales, ainsi que quantité d'oiseaux et de papillons. (Calle León ; accès libre ; 10h-15h lun-ven)

Iglesia de la Concepción

ÉGLISE

6 Plan p. 82, A3

En plein centre-ville, cette splendide église de 1516 fut détruite par les séismes de 1704 et 1705, avant d'être reconstruite en 1768. Aujourd'hui, elle est considérée comme l'un des plus beaux exemples d'architecture baroque de l'archipel, avec sa façade à trois pans et ses trois clochers culminant à 24 m. À l'intérieur, remarquez le retable en bois sculpté. (www.concepcionorotava.info ; Plaza Patricia García ; 9h-20h)

Se restaurer

Tapias La Bodega

ESPAGNOL $

7 Plan p. 82, C2

Le midi, frayez-vous un passage parmi les habitants pour savourer de copieuses tapas dans ce bar lambrissé, doté de tables-tonneaux. Une grande ardoise affiche le menu au-dessus du comptoir. Une bonne adresse pour les *pintxos* à la basque, les *bocadillos* (sandwichs) à base de pains aux graines et les salades fraîches. (922 33 53 95 ; Avenida de Canarias 6 ; salades 6,50 €, pintxos 2,50 € ; 7h30-23h30 lun-sam)

Sabor Canario

CANARIEN $$

8 Plan p. 82, B4

Exercez vos papilles avec la gratifiante cuisine traditionnelle

Comprendre

Corpus Christi

Essayez de faire coïncider votre visite avec la fête du Corpus Christi (fête du Saint-Sacrement, ou Fête-Dieu), célébrée en grande pompe à La Orotava (en juin, même si la date change chaque année) avec l'installation dans les rues d'un complexe tapis floral, composé de pétales, de feuilles et de branches. Sur la Plaza del Ayuntamiento, une éblouissante tapisserie de scènes bibliques voit le jour à partir de sables colorés provenant d'El Teide. Si la date de votre séjour ne concorde pas, rabattez-vous sur la Casa del Turista (p. 85), où l'on peut admirer un tapis toute l'année, ou sur le Museo de las Alfombras (p. 85), qui retrace l'histoire de cette tradition et de son minutieux processus, avec force explications et photographies.

DESIREE MARTIN/AFP/GETTY IMAGES ©

Tapis de fleurs à l'occasion du Corpus Christi

de ce fabuleux restaurant installé dans le patio verdoyant de l'Hotel Rural Orotava. L'édifice, une maison canarienne abritant une foule d'objets, est merveilleux. (www.hotelruralorotava.es ; Hotel Rural Orotava, Carrera Escultor 17 ; plats 10-15 € ; 12h-15h30 et 18h-22h mar-sam)

Bar la Duquesa CANARIEN $

9 Plan p. 82, A3

Ce bar tenu par une famille renferme un joyeux désordre composé de photos, d'images pieuses, de gourdes décoratives et d'outils agricoles. Le menu comporte de bonnes suggestions comme la soupe de lentilles, la paella ou le porc grillé,

100% tinerfeños

Balades près d'Aguamansa

Juste après le charmant village d'Aguamansa, entre La Orotava et El Teide, la route comporte plusieurs zones de stationnement, d'où partent divers sentiers de randonnée balisés, très prisés des habitants le week-end et détaillés sur de grands panneaux. Alliant montées en pente douce et distances modérées, ces parcours sont parfaits pour une promenade en famille. La plupart des itinéraires traversent une splendide forêt de lauriers.

Bon plan

Menú del Día

Une excellente façon d'économiser quelques euros consiste à commander le menu du jour (*menú del día*), disponible le midi en semaine dans de nombreux restaurants, moyennant 7-9 €. Il comprend habituellement, au choix, cinq ou six hors-d'œuvre, autant de plats et (seul fausse note) un ou deux desserts.

et l'on peut manger dehors sur les pavés à l'ombre de l'église. (Plaza Patricio García 6 ; plats 7,50-10 € ; 7h-16h lun-ven, 8h-15h sam ;)

Restaurante Victoria

INTERNATIONAL **$$**

10 Plan p. 82, B4

Ce formidable restaurant vous attend dans l'élégant atrium de l'Hotel Rural Victoria. Certes, le *sticky toffee pudding* ne constitue pas le summum de la sophistication culinaire, mais le chef écossais n'est pas du genre à vous servir de la purée de petits pois. Au contraire, il aime la sophistication, et le confit de canard au safran, voire le classique lapin au *salmorejo* (une marinade à base de plantes aromatiques, d'ail et de vin) accompagné de pommes de terre à la sauce *mojo*, sont exemplaires. (922 33 16 83 ; www.hotelruralvictoria.com ; Calle Hermano Apolinar 8 ; plats 12-18 € ; 13h-15h30 et 19h30-21h30 ;)

La Tasca de Bullicio

CANARIEN MODERNE **$$**

11 Plan p. 82, C3

Pas évident à localiser (au-dessus d'un parking !), cet établissement mérite pourtant que l'on persévère. En effet, cette *tasca* (bar à l'ancienne) est en passe de devenir l'une des adresses les plus courues de la ville. Le menu est restreint mais bien doté en steaks, salades et fruits de mer, tandis que les concerts, du jazz en général, attirent les clients tous les dimanches à 17h30. À signaler : l'excellente carte des vins. (676 39 90 89 ; Plaza Quinto Centenario ; plats 9-12 € ; 13h-minuit mar-dim ;)

El Aliño

FUSION **$$**

12 Plan p. 82, C3

Murs aux tons chocolat, reproductions d'art moderne, bols de pommes écarlates et sangria à la grenade – ce restaurant ne manque assurément pas de style. Le menu, moderne et varié, parcourt la planète d'est en ouest : tempura, sushis, risottos crémeux, galettes salées et carpaccios. (922 32 18 80 ; Plaza Quinto Centenario ; plats 12-18 € ; 13h-16h et 21h-23h lun-sam ;)

Tascafe Grimaldi

CANARIES **$$**

13 Plan p. 82, A4

Par une douce soirée d'été, la terrasse principale de cette demeure historique (1624) est idéale, avec son dragonnier des Canaries et sa vue sur la mer. À la fois café décontracté, bar animé et restaurant élégant, l'endroit concocte des plats à base de viande et de poisson, ainsi que des mets plus légers, comme la soupe au potiron ou les croquettes de pomme de terre maison. (Casa Lercaro ; ☎615 26 65 26 ; Calle Colegio 7 ; plats 10-15 € ; ⏲10h30-19h dim-mer, 10h30-23h jeu-ven)

Shopping

MAIT
ARTISANAT

Logée dans l'ancien couvent de San Benito Abad (voir 2 Plan p. 82, B2), du XVIIe siècle, cette vaste boutique propose un fabuleux choix de créations artisanales ibéro-américaines, axé principalement sur l'Amérique latine. Objets décoratifs mexicains aux couleurs vives, lainages péruviens, tapis en laine argentins, jouets, bijoux et tissus offrent ici un festival multicolore. (Museo de Artesania Iberoamericana ; ☎922 32 81 60 ; www.artenerife.com ; Calle Tomás Zerolo 34 ; ⏲9h-18h lun-ven, 9h30-14h sam)

Depatanegra Ibericos
GASTRONOMIE

14 Plan p. 82, C2

Offre une superbe gamme de jambons espagnols, dont le très couru *jamón iberico de bellota*, issu de porc noir nourri aux glands. Pour 100 g, comptez environ 15 €. Les jambons sont tranchés et mis sous vide pour faciliter le rapatriement. À noter aussi le vaste choix de chorizos, ainsi que les vins locaux, le miel de palme et les fromages canariens ou espagnols. (☎922 32 54 83 ; Avenida de Canarias 7 ; ⏲10h-14h et 17h-20h lun-ven, 10h-14h sam)

Comprendre

Lutte canarienne

La *lucha canaria* (lutte canarienne), qui remonte à l'époque des Guanches, est encore pratiquée dans l'ensemble de l'île. Pour assister à une rencontre, renseignez-vous auprès de n'importe quel office du tourisme. La plupart des villes disposent d'une salle suffisamment grande pour accueillir cette discipline, qui met aux prises deux équipes de douze lutteurs dans un style typiquement agressif (peu adapté aux enfants !).

Solera
MODE

15 Plan p. 82, B3

Cette boutique déborde d'originalité et de bon goût, avec ses habits pour femme dotés d'une belle coupe, de couleurs vives et de splendides tissus soyeux. Propose aussi une petite sélection de sacs en cuir souple aux jolies couleurs pastel, de la pochette de soirée jusqu'au sac à main fourre-tout. (☎922 33 03 24 ; Calle Tomás Zerola 6 ; ⏲10h30-20h lun-ven, 10h30-13h30 sam)

Explorer

Los Cristianos

Toute en contradictions, Los Cristianos possède une réputation de localité "populaire", synonyme de bars à karaoké et de petits-déjeuners à l'anglaise. Pourtant, la ville est aussi connue pour sa plage splendide et ses sports nautiques, ses boutiques décalées, ses fruits de mer et son petit centre-ville historique qui conserve un semblant de caractère canarien.

L'essentiel en un jour

À pied, dépassez les gratte-ciel en béton qui s'échelonnent de l'autoroute à la côte et commandez un petit-déjeuner diététique au **Sopa** (p. 98). Passez au **Centro Cultural** (p. 97) pour voir s'il y a une exposition, puis poursuivez avec le centre historique et la **Librería Barbara** (p. 101), une librairie internationale installée de longue date.

Commandez un en-cas à l'un des stands du **La Pepa Food Market** (p. 98), puis poursuivez vers la promenade et les kiosques du port, où vous pourrez choisir l'une des activités et excursions nautiques proposées, avec notamment un baptême de plongée au **Club de Buceo** (p. 97). Ensuite, achetez un cône de crème glacée au **Riva Dulce** (p. 100) et détendez-vous sur la plage.

Passez en mode chic pour aller siroter un cocktail à la **Beach House** (p. 100). Après une partie de lèche-vitrines, rejoignez les habitants autour de quelques tapas à la **Tasca Nano** (p. 99), un établissement authentiquement populaire. Regagnez la promenade à l'heure où elle s'anime et flânez sur le front de mer, juste avant d'aller savourer un bon dîner de fruits de mer au **Rincón del Marinero** (p. 97).

Pour une plongée dans la vie locale, reportez-vous p. 94.

Les incontournables

Sports nautiques (p. 92)

100% tinerfeños

Les coulisses de Los Cristianos (p. 94)

Le meilleur de Los Cristianos

Cuisine locale

Tasca Nano (p. 99)

Restaurante Fortuna Nova (p. 98)

El Cine (p. 97)

Plongée

Club de Buceo (p. 97)

Shopping

Tina (p. 95)

Olé Espacio Gourmet (p. 101)

La Alpizpa (p. 100)

Librería Barbara (p. 101)

Comment y aller

Bus De nombreux bus de TITSA (horaires complets sur www.titsa.com) s'arrêtent à Los Cristianos. Les bus n°110 (direct, 9,70 €, 1 heure, toutes les 30 minutes) et n°111 (avec correspondance) assurent la liaison depuis/vers Santa Cruz. Le n°343 (3,70 €, 45 minutes) dessert l'aéroport de Tenerife Sur.

Les incontournables
Sports nautiques

À l'est, la majestueuse étendue de sable blond clair de Playa de Los Cristianos est assortie d'un port abritant des bateaux de pêche, des yachts privés et des embarcations proposant excursions ou sorties de pêche. Ici, les fonds marins atteignent des profondeurs spectaculaires, tandis que les grottes, combinées au climat tempéré et à la faune marine variée, offrent des conditions idéales pour la plongée. La planche à voile et le kitesurf sont également prisés. Et, bien sûr, vous pouvez aussi simplement vous baigner !

Plan p. 96, B4

Puerto de Los Cristianos, Los Cristianos

Playa de Los Cristianos

À ne pas manquer

Plongée
Pourquoi ne pas faire votre baptême de plongée à Los Cristianos ? Non seulement l'eau est délicieuse, mais le littoral est protégé des vagues et vents qui fouettent souvent le littoral du Nord. À défaut de récifs coralliens, vous apercevrez peut-être des barracudas, des raies pastenagues et des murènes, ainsi que des bancs de balistes et de girelles. Le snorkeling est également prisé.

Excursions en bateau
Les excursions à la découverte des dauphins et des baleines valent la peine, car on est presque assuré d'apercevoir ces mammifères marins. Enrichissez éventuellement l'expérience avec un bateau à coque vitrée. Plusieurs kiosques figurent sur le port et les prestataires les plus réputés sont recensés dans ce chapitre. Seul bémol : les végétariens regretteront le barbecue, exclusivement carné.

Ferries
Une petite croisière en ferry entre Tenerife et La Gomera vous permettra d'apprécier la vue depuis le pont et d'admirer derrière vous la magnifique silhouette d'El Teide. L'île de La Gomera, à moins d'une heure de trajet, est celle qui a su le mieux préserver sa culture, offrant un contraste intéressant avec les complexes du Sud.

El Médano
À 21 km à l'est de Los Cristianos, encore épargné par le féroce aménagement immobilier, El Médano offre un spot de classe internationale aux véliplanchistes et aux amateurs de kitesurf, dont les voiles tachettent l'horizon comme autant de papillons exotiques. Les prestataires d'activités nautiques et les boutiques de location sont presque tous installés près de la plage, la plus longue de Tenerife (2 km).

À savoir

- Pour plus de suggestions en matière de sports nautiques, consultez les prospectus à l'office du tourisme, demandez conseil et reportez-vous au site www.todotenerife.es.
- Février et mars offrent les meilleures vagues pour les surfeurs ; les amateurs de snorkeling trouveront une mer idéale en juillet-août.
- Guettez le drapeau rouge, signe que les conditions ne sont pas requises pour la baignade.

Une petite faim ?

Ici, la cuisine de la mer s'impose. Parmi les meilleures adresses du genre figurent les **kiosques** (Plan p. 96, B4) du port. Sinon, El Cine (p. 97) propose des symphonies culinaires à base de poisson.

100% tinerfeños
Les coulisses de Los Cristianos

Loin du front de mer où se pressent les touristes, découvrez un coin de la ville qui évoque encore un village de pêcheurs, avec ses bars désuets, ses petites boutiques originales et son atmosphère de *pueblo,* doté de places pour se délasser. Découvrez les endroits où les habitants se retrouvent pour savourer des fruits de mer et s'amuser – à mille lieues des *fish and chips* et du karaoké.

❶ Petit-déjeuner gourmand

Oubliez les *bacon and eggs* et filez à l'**Expresiones Dulces** (Calle Amalia Alayón 26, Los Cristianos ; pâtisseries à partir de 1 € ; ⌚8h-20h lun-sam), une institution locale à l'appétissante sélection de pâtisseries, dont les classiques tartes à la crème anglaise façon portugaise, la *torta de Santiago* (gâteau à la pâte d'amande), les muffins à l'américaine et le classique espagnol par excellence, *churros* et chocolat. Excellent café.

❷ L'art du thé

Les amateurs s'arrêteront à **La Cabaña del Té** (Calle Amalia Alayón 20, Los Cristianos ; 10h-20h30 lun-ven), avec ses étagères débordant de boîtes colorées contenant toutes les variétés de thé imaginables, dont certains mariages inhabituels comme l'ananas accompagné d'aloe vera, de *flor de cactus* (fleur de cactus) et de banane. Dégustez un spécimen gratuit en parcourant les rayons.

❸ Bar à l'ancienne

Face à l'église et l'une des places les plus évocatrices de la ville, le **Bar Gavota** (Avenida los Playeros 27, Los Cristianos ; petit-déj 5 € ; 8h-23h lun-sam) est une institution locale qui a su conserver son atmosphère typiquement espagnole, ainsi qu'une fidèle clientèle d'habitués. L'adresse idéale pour quelques tapas traditionnelles à petits prix, parts de tortilla moelleuse ou *croquetas* maison.

❹ Bières artisanales

Traversez la Plaza Carmen pour rejoindre le **Beer Shooter** (609 48 87 83 ; www.beershooter.com ; Calle Juan Reveron Sierra 4, Los Cristianos ; 10h-14h et 16h30-21h lun-ven, 10h-14h sam), une boutique-bar qui reflète la soif croissante de bières artisanales, notamment chez les plus de 30 ans. Faites votre choix parmi les 250 variétés proposées, dont quelques bières des Canaries. Quant aux chips, oubliez-les et accompagnez votre verre d'un morceau de chèvre salé. Délicieux !

❺ Style décalé

Si vous aimez les motifs léopards tape-à-l'œil (sur toutes sortes d'articles, des bottes en caoutchouc jusqu'aux parapluies), les chaussures à talons "mortelles" et les jupes en lamé or, foncez au **Tina** (Calle Dulce María Loinaz 10, Los Cristianos ; 10h-13h et 17h-20h lun-ven, 9h30-14h sam). Cette boutique légère et originale, prétendument la première à avoir ouvert ses portes par ici dans les années 1970, n'a cessé depuis d'être fréquentée par des générations de *señoritas* locales.

❻ Tapas

La Tapa (Calle Dulce María Loinaz, Los Cristianos ; tapas 3,50 € ; 12h-minuit mer-lun) est aussi animée qu'appréciée des habitants. Cet endroit bien nommé (oublions l'originalité) offre 22 options, dont quelques classiques maison tels les *callos con garbanzos* (tripes aux pois chiches) et la *sopa de pollo* (soupe de poulet), sans oublier le *pescado frito* (poissons frits), les *albondigas* (boulettes de viande), les pommes de terre à l'*aïoli*, etc.

❼ Pêche du jour

Installé sur le front de mer, le kiosque **Pescaderia Dominga** (Puerto de Los Cristianos ; poisson 5-9 € ; 12h-19h lun-ven, 12h-15h sam) vend du poisson fraîchement sorti des flots. Vous pouvez l'acheter cru à emporter, ou bien le faire frire sur place – avant d'aller savourer le meilleur pique-nique iodé de votre vie, assis au bord de la jetée.

Nos adresses
Les incontournables p. 92
Découvrir p. 97
Se restaurer p. 97
Prendre un verre p. 100
Shopping p. 100
A
B
C
D
E
1
2
3
4
0
200 m
C Montaña Chica
6
Av Amsterdam
17
9
C Barranquillo
Cristobal Cólon
Av Los Playeros
C Amalia Alayón
4
8
10
C el Nido
C Ramón Pino
18
C Noruega
Av Suecia
Voir agrandissement
Plaza Carmen
C Valle Menéndez
Paseo Sabrina
Av Juan Carlos I
Av Habana
14
C Juan XXIII
C Paloma
Estocolmo
Av Los Playeros
C Pablo Abril
C Juan Reveron Sierra
C Caldera
Av Juan Alfonso Bautista (Paseo Marítimo)
C Jesús Dominguez Grillo
5
C Madrid
Club de Buceo
1
13
Travelin' Lady
2
Playa de Los Cristianos
El Espigón
Playa de las Vistas
Sports nautiques et sorties en mer
OCÉAN ATLANTIQUE
Agrandissement
Roma
Av Los Playeros
C Pablo Abril
15
7
C Gonzalo
C Maria Amalia Frias
16
11
3
12
0
50 m

Découvrir

Club de Buceo

PLONGÉE

1 Plan p. 96, B3

Ce prestataire opère depuis un kiosque sur le port, avec un vaste choix de plongées, dont un baptême. (922 79 73 61 ; www.divingaronatenerife.es ; Rincon de Arona, Puerto de Los Cristianos ; plongée simple avec matériel 60 € ; 10h30-17h ;)

Travelin' Lady

EXCURSION EN BATEAU

2 Plan p. 96, B3

Organise des excursions de 2 heures à la découverte des baleines et utilise une hélice abritée pour éviter de blesser les mammifères. (609 42 98 87 ; Rincon de Arona, Puerto de Los Cristianos ; adulte/enfant 18 €/gratuit ; 9h30-20h dim-ven, 12h-15h sam)

Se restaurer

El Cine

FRUITS DE MER $

3 Plan p. 96, E4

Ce n'est pas un scoop, mais El Cine mérite vraiment une médaille pour sa cuisine de la mer simple et bon marché. Présent depuis les années 1980, l'endroit affiche une carte d'une concision rassurante – on ne se trompe jamais avec le poisson du jour. Niché dans un coude de la promenade, il séduit également par son ambiance sans chichis et ses rares touristes. (Calle Juan Bariajo 8 ; plats 8-10 € ; 11h-23h)

100% tinerfeños

Bastion culturel

Le **Centro Cultural** (plan p. 96, E1 ; www.centroculturalcristiano.org ; Plaza Pescador 1, Los Cristianos ; prix des billets variable) offre un tout-en-un culturel avec expositions d'art, concerts, festivals et flamenco (pensé pour les habitants, pas pour les étrangers). Si vous restez quelque temps, n'hésitez pas à prendre quelques cours – tai-chi, zumba et kung-fu pour les plus sportifs, patchwork et peinture japonaise pour les contemplatifs.

Le Bistrot d'Alain

FRANÇAIS $$

4 Plan p. 96, D2

Loin des regards de la foule, ce restaurant formel mais sans prétention sert une cuisine sous influence française, du steak sauce Roquefort aux cuisses de grenouille et au ragoût de la mer riche en crevettes, saumon et légumes. L'une des adresses les plus réputées de la ville. (922 75 23 36 ; Calle Valle Menéndez 23 ; plats 10-15 € ; 7h30-23h mar-dim)

Rincón del Marinero

FRUITS DE MER $$

5 Plan p. 96, A3

Spécialisé dans les fruits de mer, avec notamment une savoureuse *zarzuela* (ragoût de la mer), ce restaurant à la thématique nautique vous accueille sur une terrasse

Bon plan

Sur la plage et en mer

À Tenerife, on peut généralement se baigner en toute sécurité. Cependant, même la mer la plus calme peut dissimuler des courants sous-marins. Si vous êtes pris dans l'un d'entre eux (ils n'excèdent habituellement pas les 10 m de large), n'essayez surtout pas de regagner la rive à contre-courant. Au contraire, opérez un virage à 90 degrés et nagez parallèlement au rivage.

La pratique du monokini est acceptée sur la plage et aux abords des piscines (sauf indication contraire). En revanche, il est recommandé d'éviter minijupes, shorts et autres ventres dénudés lorsqu'on visite une église.

couverte – preuve que le mauvais temps n'existe pas par ici. (Muelle Los Cristianos, Los Cristianos ; plats 9-15 € ; 12h-23h)

Sopa

VÉGÉTARIEN $

6 Plan p. 96, D1

Une carte alliant soupes, salades et burgers végétariens (aux épinards), le tout servi dans un espace décontracté doté de canapés, de livres et de magazines. À noter encore les gâteaux succulents : flattez vos papilles avec la version cerise-pâte d'amandes. (Calle Montaña Chica 2 ; salades et soupes 4-7 € ; 8h-21h lun-sam, 9h-21h dim ;)

The Original Bistro

BISTROT $$

7 Plan p. 96, E4

Tenu par un couple hispano-britannique, cet imposant bistrot fort prisé propose un menu à trois plats, avec diverses options au choix. Ici, nulle trace de cuisine moléculaire : simples et de tradition britannique (pour l'essentiel), les mets sont exécutés avec finesse, sans le moindre légume trop cuit à l'horizon. (922 79 20 31 ; Callejón Gonzalo ; plats 10-12 € ; 18h-13h mer-lun ;)

Restaurante Fortuna Nova

ESPAGNOL $$

8 Plan p. 96, D2

Une cuisine typiquement espagnole et d'une excellente qualité, si l'on considère le prix. L'endroit dispose d'une jolie terrasse ombragée et accueille de nombreux ouvriers du coin le midi, ce qui est toujours bon signe. (Calle Valle Menéndez ; plats 10-12 € ; 12h-16h et 18h-23h ;)

La Pepa Food Market

MARCHÉ $

9 Plan p. 96, E1

Depuis son inauguration en 2015, ce marché gastronomique ne cesse de s'agrandir. Au moment de la rédaction, il comptait quelque 25 stands, dont des épiceries fines haut de gamme, un comptoir de fruits de mer, un stand de gaufres et de crêpes, un stand de sushis, un bar à vins et des en-cas végétariens. À noter la grande terrasse avec vue aérienne

Rincón del Marinero (p. 97)

jusqu'à la mer, plus l'espace de jeux pour les enfants. (☎922 79 48 85 ; Centro Comercial La Pasarela ; en-cas 2,50-5 € ; ⏰10h-23h lun-jeu, 10h-minuit ven-dim ; P Wi-Fi)

Tasca Nano

TAPAS $

10 Plan p. 96, D2

Ce bar sans chichis sert des tapas on ne peut plus simples, comme le boudin noir. Le vin de la maison est honorable et l'ambiance conviviale. D'humeur sociable ? Commandez une *ración* de *patatas bravas*, des pommes frites, nappées d'une sauce tomate épicée, à partager. (Calle Amalia Alayón 6 ; tapas 2-4,50 € ; ⏰8h-23h lun-ven, 10h-16h sam)

Comprendre

L'île aux chiens

Soyez à l'affût du chien local, le Verdino (il doit son nom aux reflets verdâtres de son pelage), un puissant animal au poil soyeux et aux larges mâchoires évoquant le Rottweiler. Certains affirment que les îles Canaries furent baptisées en l'honneur de ce chien (*canis* en latin), présent sur l'île depuis l'ère des Guanches, lesquels l'utilisaient pour garder leurs troupeaux. Aujourd'hui, c'est un animal domestiqué.

Bon Plan

Cocktails

Foin de gin tonic ici : optez pour un mojito ou une caipirinha. Concoctés à base de rhum local, produit à partir de canne à sucre, ces cocktails généralement authentiques – et addictifs ! – témoignent du lien qui unit Tenerife à l'Amérique latine.

Riva Dulce

GLACIER $

11 Plan p. 96, D4

Ce glacier minimaliste (un simple comptoir), à quelques encablures de la plage, n'offre ni saveur bubble-gum ni style tape-à-l'œil. En revanche, la glace à l'italienne évoque parfaitement la patrie de Dante – c'est la meilleure de la ville. (Calle Dulce María Loinaz 3 ; cône 2,50 € ; 11h-15h et 17h-22h)

Prendre un verre

Beach House

BAR

12 Plan p. 96, E4

Avec sa musique apaisante, ses touches de gris pâle, ses coussins couleur bonbon et sa TV branchée sur une chaîne de mode (plutôt que sur le football), ce bar tenu par des Italiens affiche un côté chic. Parfait pour les cocktails. (Paseo Dulce María Lenaz ; 17h-fermeture tardive ;)

Shopping

La Alpizpa

ARTISANAT

13 Plan p. 96, C3

Installée sur le front de mer, cette boutique vend d'excellents produits artisanaux, façonnés par des personnes handicapées. (Paseo Marítimo ; 10h-14h et 17h-19h lun-sam)

Jamón y Mojo

ÉPICERIE FINE

14 Plan p. 96, A2

Tenue par un jeune couple enthousiaste, cette épicerie fine vend une vaste gamme de produits gastronomiques soigneusement choisis. L'accent est mis sur les merveilles ibériques, telles ces formidables tommes de Manchego et les diverses variétés de chorizo

Bon plan

Escroqueries

Si l'on vous offre un jeu à gratter assorti d'un cadeau potentiel, refusez poliment. La moindre carte distribuée sur la promenade a un seul objet : l'escroquerie à la copropriété. Par ailleurs, ne vous laissez pas tenter par les circuits (faussement) gratuits en autobus, généralement proposés via des prospectus distribués dans la rue. Ils cachent toujours un argumentaire de vente très convaincant pour un produit généralement hors de prix et de qualité médiocre.

ou de *jamón serrano*. À noter encore les sandwichs à base de pains très différents et la belle sélection de vins. (☎674 73 60 01 ; Avenida Suecia 35 ; ⏲10h-21h lun-sam)

Librería Barbara

LIVRES

15 Plan p. 96, E3

Cette librairie créée en 1984 possède des rayons bien garnis de livres en plusieurs langues (dont le français), ainsi que des magazines et des ouvrages pour enfants. (☎922 79 23 01 ; Calle Pablo Abril 6 ; ⏲10h-13h et 17h-19h30 lun-ven, 10h-13h sam)

Pesquera y Navales Tenerife

ARTICLES DE PÊCHE

16 Plan p. 96, D4

Si vous avez envie de taquiner le bouchon, d'investir dans des bottes de caoutchouc ou juste de parcourir les étagères débordant d'articles, de vêtements ou de souvenirs en lien avec la pêche, alors ce magasin est fait pour vous. (☎922 79 79 11 ; Calle Dulce María Loinaz 1 ; ⏲10h-13h30 lun-ven, 10h-13h30 sam)

Olé Espacio Gourmet

GASTRONOMIE

17 Plan p. 96, E1

Un temple dédié à la gastronomie, avec une préférence pour les produits canariens comme les sauces *mojo*, le fromage de chèvre local et le miel aux herbes. Vend également le Cinco Jotas Sanchez Romero Carvajal, l'un des

JEAN-PIERRE LESCOURRET/GETTY IMAGES ©

Playa de Los Cristianos (p. 92)

jamones serranos les plus réputés au monde. (La Pepa Food Market, stand 21-22, Centro Comercial La Pasarela ; ⏲10h-23h ; wifi)

Blazers

MODE

18 Plan p. 96, C2

Cette boutique accrocheuse fait fi des articles interchangeables pour touristes. Elle possède une touche jeune et branchée avec ses robes moulantes assorties de dentelle ouvragée, ainsi que des produits plus originaux. (☎922 79 31 94 ; Calle Juan XXIII ; ⏲10h30-13h30 et 17h-20h30 lun-sam)

Explorer

Playa de las Américas et Costa Adeje

Il est facile de regarder Playa de las Américas de haut. Si sa réputation de localité balnéaire populaire est amplement méritée, l'endroit a pourtant bien changé. Si elle dépend toujours à 100% du tourisme, la station possède désormais un vernis sophistiqué qui transparaît dans ses bars, ses restaurants et sa vie nocturne, lesquels se marient sans mal avec les établissements haut de gamme de la proche Costa Adeje.

L'essentiel en un jour

Commencez la journée par un café en terrasse au **Bar el Pincho** (p. 113), avec vue sur la Playa de las Vistas. Rejoignez ensuite **Aqua Marina** (p. 106) pour découvrir la vaste gamme de plongées disponible. Étape suivante, l'office du tourisme vous informera du programme des activités en ville (en général très riche).

Viendra ensuite l'heure du shopping, à la faveur des nombreuses vitrines de l'Avenida Rafael Puig Lluvina, idéale pour flâner. Après une pause autour des tapas traditionnelles du **Meson Las Lanzas** (p. 112), faites un tour à la plage, puis allez admirer l'artisanat d'**Artenerife** (p. 114).

À Costa Adeje (photo à gauche), à rejoindre à pied ou en taxi, remettez-vous en forme à l'**Aequor Spa** (p. 107), l'un des nombreux spas de luxe du littoral. Une fois parfaitement détendu, prolongez le plaisir au séduisant **Café La Bahia** (p. 110), puis au **Chiringuito del Mirador** (p. 112), autour d'un mojito sur la plage. Dans le même secteur, faites quelques emplettes au charmant **Centro Comercial El Mirador** (p. 114), puis allez dîner à l'**Ocanto** (p. 111), pour profiter encore de la vue sur la mer.

Le meilleur de Playa de las Américas

Restaurants

The Oriental Monkey (p. 109)

Thai Botanico (p. 110)

Christy's (p. 110)

Chunga Changa (p. 110)

Bars

Bar el Pincho (p. 113)

Hard Rock Cafe (p. 112)

Kiosco San Telmo (p. 113)

Plages

Playa de las Vistas (p. 106)

Playa del Duque (p. 106)

Spa

Mare Nostrum (p. 106)

Comment y aller

Bus De nombreux bus de TITSA circulent dans la région et s'arrêtent à Playa de las Américas. Le n°110 (direct, 9,70 €, 1 heure, toutes les 30 minutes) et le n°111 (avec correspondance) assurent la liaison depuis/vers Santa Cruz. Le n°343 (3,70 €, 45 minutes) dessert l'aéroport de Tenerife Sur. Consultez le site www.titsa.com pour toute information.

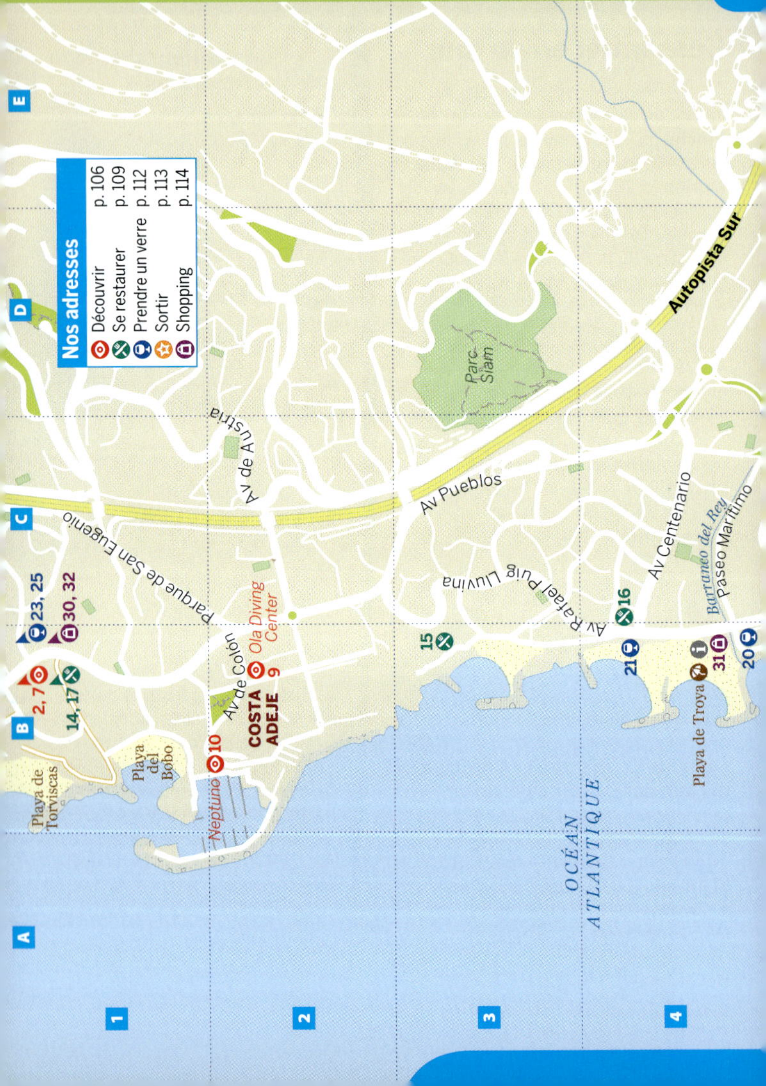
Nos adresses
Découvrir p. 106
Se restaurer p. 109
Prendre un verre p. 112
Sortir p. 113
Shopping p. 114
A
B
C
D
E
1
2
3
4
Playa de Torviscas
Playa del Bobo
Neptuno 10
COSTA ADEJE
Av de Colón
Ola Diving Center 9
2, 7
14, 17
23, 25
30, 32
15
16
21
31
20
Parque de San Eugenio
Av de Austria
Av Pueblos
Av Rafael Puig Lluvina
Av Centenario
Barranco del Rey
Paseo Marítimo
Playa de Troya
Parc Siam
Autopista Sur
OCÉAN ATLANTIQUE

33
Av Arquitecto Gómez Cuesta
Golf Las Americas
C los Arenales
LOS CRISTIANOS
Av Chayofita
C Víctor Zurita
Av Santiago Puig
Paseo Eldorado
19
C Siete Islas
PLAYA DE LAS AMÉRICAS
Av Noelia Alfonso Cabrera
Av Arquitecto Gómez Cuesta
11
Av Antonio Domingues
13
C Finlandia
Av Habana
Itaka Diving
8
C la Montaña
Av Habana
Av Suecia
Playa de Los Cristianos
26
Playa de las Vistas
1
4
Aqua Marina
3
Mare Nostrum
34
12
22
28
18
Av Américas
Av Franco Andrade de Fumero
El Cabezo Grande
24
29
C México
Av Rafael Puig Lluvina
Av Antonio Domingues Alfonso
Paseo Marítimo
Arona Tenerife Surf Academy
5
K-16 Surf
6
27
La Montañeta
El Guincho
0
500 m
A
B
C
D
E
5
6
7
8

Découvrir

Playa de las Vistas

PLAGE

1 Plan p. 104, D8

Longue de 1,5 km, cette sublime étendue de sable doré (importé du Sahara !) relie Los Cristianos à Playa de las Américas. Bordée de bars et de restaurants, la plage est protégée par des brise-lames, et donc idéale pour la baignade. (Playa de las Américas)

Playa del Duque

PLAGE

2 Plan p. 104

Vaste étendue de 600 m, la bien nommée "plage du Duc" est une belle bande de sable doré, jalonnée de cabines de plage rayées, de cafés et de restaurants chics. (Costa Adeje)

Bon plan

Costa Adeje

Depuis Playa de las Américas, en poursuivant à pied vers le nord, les avenues se font plus larges, le paysage plus luxuriant et les hôtels plus majestueux. Ce secteur n'a pas ménagé ses efforts pour redorer son blason, accédant progressivement à l'image de station haut de gamme. Ici, les vastes boulevards sont ponctués de parterres fleuris et bordés de palmiers vertigineux, la sauce ketchup fait place au vinaigre balsamique à la grenade, et les boutiques mettent à l'honneur les articles de créateur. Costa Adeje, l'extrémité chic de la plage, recèle les adresses les plus glamour du Sud en matière de restauration, de bars et de divertissement.

Mare Nostrum

SPA

3 Plan p. 104, C7

Faites-vous dorloter dans ce spa, situé dans un complexe balnéaire de Playa de las Américas. À noter : les enveloppements aux vertus antifongiques et l'électrothérapie pour les pratiquants acharnés, mais aussi les massages et les bains de vapeur pour ceux qui souhaitent juste se détendre. (☎922 75 75 45 ; www.marenostrumspa.es ; Avenida de las Américas, Playa de las Américas ; 10h-19h)

Aqua Marina

PLONGÉE

4 Plan p. 104, C8

La gamme classique de plongées depuis un bateau, de cours et de plongées spécifiques, ainsi que du snorkeling. Cours pour enfants également disponibles. (☎922 79 79 44 ; www.aquamarinadivingtenerife.com ; Playa de las Vistas, Playa de las Américas ; plongée simple 39 €, cours pour les enfants 35 € ; 9h-18h ;)

Arona Tenerife Surf Academy

SURF

5 Plan p. 104, B5

La seule école de surf installée sur la plage. Les instructeurs diplômés de la Fédération canarienne de surf assurent des cours de toutes sortes, du shortboard jusqu'au stand-up paddle. Combinaisons à louer. (☎665 01 75 78 ;

Playa del Duque

www.aronatenerifesurf.com ; Playa Honda, Playa de las Américas ; cours de 2 heures avec matériel à partir de 35 €)

K-16 Surf

SURF

6 Plan p. 104, B7

Ce prestataire loue des planches de surf et dispense des cours pour un prix à peine supérieur à celui de la location. (922 79 84 80 ; www.k16surf.com ; Calle México 1-2, Playa de las Américas ; cours de surf à partir de 35 €, location de planche à partir de 12 €/jour)

Aequor Spa

SPA

7 Plan p. 104, B1

Le personnel de l'Aequor Spa, au sein du fabuleux Hotel Jardines de Nivaria, saura vous dorloter avec sa gamme de traitements et de massages, ainsi qu'une formule avec fleurs de Bach et élixirs minéraux (150 € les 90 minutes). Un pur bonheur ! (Hotel Jardines de Nivaria ; www.adrianhoteles.com ; Calle Paris, Playa de Fañabé, Costa Adeje ; 10h-19h lun-sam)

Itaka Diving

PLONGÉE

8 Plan p. 104, D8

Ce vénérable centre de plongée propose des formations certifiées PADI, de l'Open Water Diver jusqu'au Divemaster, sans oublier les plongées simples pour débutants et les forfaits. (922 78 80 85 ; edificio Cristianos 111, local A4, Avenida Habana, Playa de las Américas ; plongée simple avec matériel 35 €)

Comprendre

Une brève histoire de Tenerife

Les Guanches

La première population à vivre ici fut celle des Guanches. L'arrivée à Tenerife de ces cousins supposés des Berbères nord-africains reste encore assez mystérieuse. L'archipel a sans doute connu plusieurs vagues d'immigration à partir de 3000 av. J.-C. Les Guanches ont donné à Tenerife des chefs valeureux, désignés sous le nom de Mencey, dont certains sont passés à la postérité comme Tinerfe le Grand, qui vécut au XIVe siècle.

Couronne de Castille

En 1402, l'aventurier français Jean de Béthencourt parvient à prendre pied à Lanzarote. Il reçoit l'appui des souverains catholiques de Castille, qui avaient lancé la "Reconquista" de l'Andalousie et convoitaient les Canaries, et conquiert Fuerteventura et El Hierro en leur nom. Tenerife, où la résistance des Guanches est plus forte, est la dernière île de l'archipel à passer sous la domination castillane en 1495-1496, avec la campagne menée par Alonso Fernandez de Lugo.

Tenerife devint un riche comptoir commercial, axé sur le sucre puis le raisin, utilisé pour la production du Malvoisie. À La Laguna et à La Orotava, les grandioses édifices de style colonial témoignent de cette période.
La mainmise de l'Espagne sur l'île fut loin d'être incontestée. Les visées britanniques atteignirent leur point culminant en 1797, avec l'attaque de Santa Cruz par l'amiral Nelson : ce dernier échoua à s'emparer de la ville et perdit en outre son bras droit durant l'assaut. Les Canaries furent déclarées province d'Espagne en 1821, avec Santa Cruz de Tenerife pour capitale.

Revers économiques et manne touristique

Après 1945, la crise économique plongea l'archipel dans la misère et de nombreux Canariens décidèrent d'émigrer. Quelque 16 000 habitants embarquèrent pour le Venezuela, un tiers d'entre eux périssant au cours de la traversée. L'économie se redressa avec l'arrivée des premiers touristes, notamment britanniques et allemands, dans l'archipel. En 1978, Tenerife inaugura l'aéroport international Reina Sofía dans le sud de l'île, ce qui entraîna l'aménagement de Playa de las Américas. Aujourd'hui, près de 85% des touristes optent encore pour les stations balnéaires du Sud, même si une part croissante de visiteurs découvre un autre visage de l'île, plus paisible, en explorant l'intérieur et le Nord.

Ola Diving Center

PLONGÉE

9 Plan p. 104, B2

Sans doute le choix de cours le plus riche de la région, avec des plongées classiques, techniques et en grotte. À noter aussi l'organisation de séminaires de plongée, de formations (niveau débutant à instructeur) et d'excursions en bateau vers Masca (4 heures, 53 €). (822 66 48 76 ; www.ola-aventura.com ; Avenida de Colón, Costa Adeje ; 9h-17h)

Neptuno

EXCURSION EN BATEAU

10 Plan p. 104, B2

Ce prestataire réputé organise des sorties en bateau, notamment une excursion de 5 heures sur un voilier traditionnel, avec la garantie presque assurée d'apercevoir dauphins et baleines. Autre option avec baignade dans la baie de Masca et déjeuner à base de paella. Service de navette gratuit depuis votre hôtel. (922 79 80 44 ; www.barcostenerife.com ; Calle Colon S/N, Puerto Colon ; 5 heures adulte/enfant 49/24 € ; 9h-21h)

Se restaurer

The Oriental Monkey

ASIATIQUE **$$$**

11 Plan p. 104, B1

Élu meilleure table internationale des Canaries en 2013, ce restaurant gastronomique, piloté par Nacho Hernández, allie un cadre exotique à une carte novatrice d'inspiration asiatique, de la morue marinée au miso jusqu'au *tataki* de thon aux aubergines fumées et couscous. (922 78 92 91 ; www.theorientalmonkey.com ; Avenida de las Américas, Central Comercial Oasis, Playa de las Américas ; plats 18-25 € ; 19h-23h lun-sam ;)

Comprendre

Las Galletas

Cette charmante petite station balnéaire a un long passé de village de pêcheurs et son histoire remonte bien avant la conquête espagnole. Malgré sa situation à quelques kilomètres au sud de l'axe principal de Las Américas, Las Galletas possède une atmosphère paisible. Sa population est majoritairement canarienne, et la ville compte de rares touristes et peu d'hôtels à plusieurs étages. Devant la petite marina, une promenade est jalonnée de bars et de restaurants, dont plusieurs bonnes adresses de poisson. En arrivant de bonne heure, vous aurez peut-être la chance de voir les pêcheurs vendre leur prise du jour. Avis aux amateurs de sports nautiques : le site est aussi considéré comme l'un des meilleurs spots de plongée du sud de Tenerife, avec plusieurs écoles disponibles. Mais vous pouvez aussi vous contenter de farniente sur la plage, très agréable.

Bon plan

Connaître les plages du Sud sur le bout des doigts

À Tenerife, les plages du la côte sud sont assorties de bars de plage et de restaurants chics. Parmi les meilleures adresses figurent la Playa de las Vistas (p. 106), une belle étendue de sable doré, la très familiale Playa de Los Cristianos (p. 92) et l'élégante Playa del Duque (p. 106). Parmi les plages plus discrètes se distinguent celles de Las Galletas (p. 109) et d'El Médano (p. 93), deux stations proches.

Thai Botanico

THAÏ **$$**

12 Plan p. 104, B7

Ce lieu enchanteur brille de mille feux avec sa décoration et ses plats d'Asie du Sud-Est bien travaillés. Tous les standards de la cuisine fusion sont représentés – currys, poêlées, salades, rouleaux de printemps et brochettes –, et délicatement mis en valeur. Réservation impérative. (☎922 79 77 59 ; www.thaibotanicotenerife.com ; Avenida Américas, Playa de Las Américas ; plats 12-14 € ; ⏲13h30-23h30 lun-sam, 17h-23h dim ; wifi)

Gastrobar La Kocina

ESPAGNOL MODERNE **$$**

13 Plan p. 104, D7

Un cadre moderne et élégant, qui se prête à la dégustation de tapas servies sur des plateaux en ardoise : champignons sauvages à l'ail et au persil, cochon de lait et *tataki* de thon. La carte évolue selon les produits frais du marché. (☎922 79 46 30 ; Avenida Antonio Dominguéz, Playa de las Américas ; tapas 8-15 € ; ⏲12h-16h et 19h30-23h30 ; wifi)

Café La Bahia

CAFÉ **$$**

14 Plan p. 104, B1

Ne manquez pas la Playa del Duque, l'une des plus charmantes plages du sud de Tenerife. Installez-vous dans ce café évoquant la Côte d'Azur avec ses parasols, ses nappes couleur bleu Méditerranée et ses garçons à canotier, puis commandez un café, une bière, une glace ou un repas légers. (Playa del Duque, Costa Adeje ; plats 12-15 € ; ⏲9h-18h)

Christy's

BRITANNIQUE **$**

15 Plan p. 104, B3

Il est facile de railler les tables britanniques du coin. Toutefois, si vous rêvez d'un rôti dominical et d'un Yorkshire Pudding, voire d'un bon *fish and chips* avec des frites maison, sachez que ce bar-restaurant de propriété écossaise concocte une cuisine de qualité (et les portions sont énormes !). Notez la petite terrasse extérieure et la vaste salle arborant les inévitables clichés de bus londoniens. (☎922 79 83 01 ; Avenida Eugenio Dominguéz, Costa Adeje ; plats 7-9 € ; ⏲11h-23h mer-lun)

Chunga Changa

ITALIEN **$**

16 Plan p. 104, C4

Tenu par une équipe italienne jeune et enthousiaste, cet établissement

Thai Botanico (p. 110)

est une institution locale, surtout le soir, au moment de l'happy hour, avec ses cocktails au tarif insensé (pour l'île) de 3,50 €. Le Chunga organise également des pique-niques (repas, serviettes et crème solaire compris). La cuisine maison est légère et créative : pâtes à l'épeautre, salades de riz, "kebabs" à la fraise et à la féta, etc. (922 09 33 36 ; Avenida Rafael Puig Lluvina, Costa Adeje ; plats 7-10 € ; 11h30-23h30)

Ocanto

CANARIEN MODERNE **$$**

17 Plan p. 104, B1

Si la valse des achats dans les boutiques alentour vous a donné soif, arrêtez-vous dans ce bar séduisant qui allie élégant mobilier en osier foncé et somptueuse terrasse arborée avec vue sur la mer. Vous pourrez commander un plat léger à partager, tel ce tartare de saumon à l'avocat, accompagné de poulpe frit nappé d'aïoli à la coriandre. (Avenida Bruselas, Costa Adeje ; plats 11-20 € ; 11h-1h ;)

El Faro

CANARIEN MODERNE **$$$**

18 Plan p. 104, B7

Pour une soirée en grande pompe, El Faro conviendra parfaitement. Observez les allées et venues depuis la terrasse à l'étage tout en savourant les plats de viande, de poisson ou de pâtes. (922 75 38 27 ; Avenida Américas, Parque Santiago V, Playa de las Américas ; plats 20-25 € ; 12h-16h et 19h-23h)

Meson Las Lanzas

ESPAGNOL $$

19 Plan p. 104, C6

Enfin, un établissement sans menu aux photos décolorées par le soleil sur le trottoir ! Venez apprécier des plats espagnols traditionnels, tels les *tigres* (moules-frites) et l'épaule d'agneau. Une cuisine simple et fraîche, à ne pas manquer. (922 79 11 72 ; www.mesonlaslanzas.es ; Avenida Noelia Alfonso Cabrera 8, Playa de las Américas ; plats 14-19 € ; 13h-16h et 19h-minuit)

Prendre un verre

Papagayo

BAR, CLUB

20 Plan p. 104, B4

Ce restaurant-bar-club exhale la sophistication et le bon goût : tons blancs, fauteuils confortables, canopées ombragées et fontaines. La carte privilégie les plats légers, tels les sushis. Le soir venu, l'endroit se mue en un club branché, assorti d'un DJ efficace et de danseurs professionnels. (www.papagayobeachclub.com ; Playa de Troya, Avenida Rafael Puig Lluvina, Playa de las Américas ; 10h-fermeture tardive ;)

Monkey Beach Club

CLUB

21 Plan p. 104, C4

Sur le front de mer de Playa de Troya, cette adresse est idéale pour prendre un verre au crépuscule (on peut aussi manger un morceau). Le club se remplit progressivement d'une clientèle branchée venue flirter et danser sous les stroboscopes. (922 78 92 91 ; www.grupomonkey.com ; Avenida Rafael Puig Lluvina 3, Playa de las Américas ; 10h30-fermeture tardive ;)

Hard Rock Cafe

BAR

22 Plan p. 104, C7

Cet établissement, maillon de la fameuse franchise, combine une ambiance animée, une décoration d'inspiration rock et une stupéfiante terrasse sur le toit, avec vue sur les palmiers et la mer. Musique acoustique tous les mercredis et concerts occasionnels durant l'année ; programmation sur le site Internet. (922 05 50 22 ; www.hardrock.com ; Avenida Américas, Playa de las Américas ; 22h30-1h30 lun-ven, 22h30-3h ven-sam ;)

Chiringuito del Mirador

BAR

23 Plan p. 104, B1

Ce bar (et restaurant) de plage dégage une ambiance agréablement estivale,

> Comprendre
>
> **Le casse-tête de la demi-pension**
>
> Les bars et restaurants locaux souffrent cruellement de la concurrence des hôtels, qui, de plus en plus, proposent des formules en demi-pension "tout inclus" à des prix défiant toute concurrence. En général, leurs buffets privilégient une fade cuisine internationale visant à séduire le grand public.

avec son étincelant cadre blanc contrastant avec le bleu profond de la mer, à quelques encablures de là. Une adresse charmante pour siroter un verre à midi, accompagné d'une assiette de *gambas a la plancha*. (Playa del Duque, Costa Adeje ; 12h-19h)

Dubliner

PUB IRLANDAIS

24 Plan p. 104, B6

Outre une atmosphère séduisante à souhait, ce pub sert de la Guinness à la pression et programme chaque jour des concerts du groupe maison, aussi rodé que populaire. (922 79 39 03 ; Hotel Las Palmeras, Avenida Rafael Puig Lluvina, Playa de las Américas ; 21h-17h ;)

Chiringuito Coqueluche

BAR

25 Plan p. 104, B1

Flânez le long de la promenade, dépassez les jardins entourant les hôtels de luxe et contournez un petit promontoire jusqu'à atteindre La Enramada, une séduisante plage de galets noirs. Puis, les orteils dans le sable, sirotez un verre dans ce jovial bar de plage et admirez les parapentistes à l'œuvre. (Playa La Enramada, Costa Adeje ; 10h-19h)

Bar El Pincho

BAR

26 Plan p. 104, D8

Soyez les bienvenus pour un cocktail au crépuscule. Sur la terrasse dominant la promenade, les daiquiris à la mangue accompagnent parfaitement la vue dégagée sur la plage et la mer. Tapas au menu. (922 79 77 19 ; Playa de las Vistas, Playa de las Américas ; 10h30-21h lun-sam)

100% tinerfeños

Un verre sur la plage

Antithèse des bars tapageurs présents par ici, le **Kiosco San Telmo** (Playa de las Vistas, Playa de las Américas ; 10h-19h) est un simple kiosque en bois installé sur la Playa de las Vistas, qui dispose de tout le nécessaire pour concocter un fabuleux mojito à siroter sur un tabouret les orteils dans le sable.

Akustito

BAR À COCKTAILS

27 Plan p. 104, B7

L'endroit, guère plus qu'une cabane sur la plage, prétend servir les meilleurs mojitos du monde. Une chose est sûre : comme leurs homologues cubains, ces cocktails sont excellents (et puissants !). Le samedi, un groupe joue en live ; le reste du temps, une musique planante crée une atmosphère de vacances. (616 25 17 68 ; Paseo Marítimo, Playa de las Américas ; mojito 5 € ; 12h-fermeture tardive)

Sortir

La Pirámide

CONCERTS

28 Plan p. 104, C7

Cette vaste salle (l'une des plus grandes d'Europe) accueille des spectacles de haut vol qui marient

Bon plan

Levez le pied !

Les radars automatiques, toujours plus nombreux, sont désormais présents aux quatre coins de l'île. Soyez attentif aux limitations de vitesse, qui peuvent varier considérablement, même sur une brève portion de route. Les amendes, qui avoisinent les 100 €, doivent souvent être réglées sur-le-champ.

en général flamenco, opéra et danse. Une formule permet de combiner le spectacle avec un dîner-buffet (à partir de 75 €), avec un service à 18h30 puis à 19h. Cependant, tout semble indiquer que la cuisine n'est pas à la hauteur du spectacle. (922 75 75 49 ; www.piramidearona.com ; La Pirámide, Avenida Américas, Playa de las Américas ; billet à partir de 50 € ; 20h mer, 21h mar, jeu-sam)

Sax Bar — CONCERTS

29 Plan p. 104, B6

Si vous aimez bouger et n'avez rien contre les clientèles majoritairement britanniques, alors le Sax Bar pourrait devenir votre repaire nocturne préféré. Les groupes maison sont d'excellente facture et l'on peut même pousser la chansonnette : une pause karaoké est prévue après minuit. (680 83 14 88 ; Calle Mexico, Playa de las Américas ; 21h-fermeture tardive)

Shopping

Centro Comercial El Mirador — CENTRE COMMERCIAL

30 Plan p. 104, B1

Proche de la plage principale de Costa Adeje, ce charmant centre commercial distille ses espaces autour de patios joliment carrelés et de fontaines assorties de palmiers, d'arches et de pots de géraniums écarlates. Joliment dominées par les jardins sinueux et les sentiers bordés de jasmin de l'hôtel El Mirador, ces boutiques indépendantes proposent toutes sortes d'articles, du maillot de bain griffé au jouet en bois fait main. (www.el-mirador.es ; Avenida Bruselas, Costa Adeje ; 10h-21h lun-sam)

Artenerife — ARTISANAT

31 Plan p. 104, B4

Cet espace, qui fait partie d'une chaîne très soucieuse de la qualité, offre une splendide gamme de produits artisanaux provenant des Canaries. (www.artenerife.com ; Avenida Rafael Puig Lluvina, Playa de las Américas ; 9h30-13h30 et 17h-19h lun-sam)

Plaza del Duque — CENTRE COMMERCIAL

32 Plan p. 104, B1

Un petit centre commercial de luxe, avec environ 60 magasins, des boutiques de créateurs et un espace enfants. (www.plazadelduque.com ; Playa del Duque, Costa Adeje ; 10h-19h lun-ven, 10h-14h sam ;)

ULLSTEIN BILD/GETTY IMAGES ©

Centro Comercial El Mirador

Paku's

MODE

Logé à l'intérieur de l'Hotel Las Palmeras (voir 24 Plan p. 104, B6), Paku's propose une élégante mode pour hommes au style coloré, dans une gamme de tailles allant de l'extra-small à l'extra-large. (922 78 73 95 ; Hotel Las Palmeras, Avenida de Rafael Puig Lluvina, Playa de las Américas ; 10h-19h)

Hensi

CHAUSSURES

33 Plan p. 104, C5

Si vous aimez marcher d'un bon pas (ou vous pavaner au ralenti) dans des chaussures élégantes et de qualité, alors vous adorerez cette boutique qui recèle toutes les griffes connues, notamment Boss, Tommy Hilfiger, Diesel, Ralph Lauren et Armani. (922 79 89 88 ; www.hensi.es ; Avenida Rafael Puig Lluvina 5, Playa de las Américas)

Bounty

MODE

34 Plan p. 104, B7

Cette boutique chic – veillez à votre look avant d'en pousser la porte – se fait fort de revoir votre garde-robe. Vous y trouverez des articles de qualité pour hommes et femmes, au style à la fois classique et moderne, avec certaines pièces signées de créateurs, ainsi qu'une petite gamme raffinée de chaussures et d'accessoires. (922 28 82 11 ; Avenida Américas 56, Playa de las Américas ; 10h-19h lun-ven, 10h-14h sam)

Les incontournables
Parque Nacional del Teide

Chaque jour, deux bus publics, seulement, desservent ce parc : le n°348 en provenance de Puerto de la Cruz (6,20 €, 1 heure) et le n°342 depuis Los Cristianos (7 €, 1 heure 30).

Sentinelle de l'île, l'imposant El Teide (3 718 m) constitue le pic le plus élevé de l'archipel et d'Espagne – à maints égards, il constitue d'ailleurs le sommet de tout séjour à Tenerife ! Inscrit au patrimoine mondial de l'Unesco, le Parque Nacional del Teide (189,9 km²), qui comprend le volcan et l'arrière-pays avoisinants, est aussi le parc national le plus prisé d'Espagne. C'est un espace extraordinaire, avec son surprenant paysage lunaire ponctué de formations rocheuses surréalistes, de grottes et de sommets escarpés.

À ne pas manquer

Randonnées non guidées

Le guide du visiteur recense 21 randonnées, signalisées pour certaines, s'échelonnant de 600 m à 17,6 km. Chaque parcours est noté en fonction de son degré de difficulté. Il est interdit de s'éloigner des sentiers balisés, ce qui se comprend dans un environnement où la moindre touffe de végétation doit lutter pour sa survie.

Trek spectaculaire

Une fabuleuse randonnée consiste à rejoindre le sommet du **Pico Viejo**, puis à longer la crête qui le relie au Teide, avant de poursuivre vers la cime. Comptez 9 heures (l'aller) et envisagez l'éventualité d'un retour à pied (si le téléphérique est fermé). Sinon, passez la nuit au **Refugio de Altavista** (☎902 67 86 76 ; Cañadas del Teide, Parque Nacional del Teide ; dort 21 €), à 3 270 m d'altitude.

Randonnées guidées

Les gardes forestiers, parlant espagnol et anglais, proposent des randonnées gratuites dans la montagne. L'altitude vous fera ahaner plus que d'ordinaire, mais le rythme est tranquille et les itinéraires sont adaptés à toute personne affichant une bonne forme physique, y compris les enfants à partir de 8-9 ans qui aiment marcher. Le départ des groupes a lieu à 9h15 et 13h30 au centre des visiteurs d'El Portillo (coordonnées ci-contre) ; la réservation est impérative.

Roques de Garcia

À quelques kilomètres au sud du Teide, par-delà le *parador*, s'étend cette formation géologique composée de pitons de lave biscornus, surnommés le "doigt de Dieu" ou encore la "Cathédrale". Ils sont dus à l'érosion de dykes très anciens, voire de coulées verticales de magma. Un sentier, accessible

Centre des visiteurs d'El Portillo

☎922 92 37 71

www.reservasparquesnacionales.es

Carretera La Orotava-Granadilla

🕒9h-16h

☑ À savoir

▸ Évitez le téléphérique si vous souffrez du mal d'altitude ; marcher et prendre son temps aide à s'acclimater.

▸ Prenez des vêtements chauds : les températures sont fraîches à El Teide.

✗ Une petite faim ?

À l'intérieur du parc, le **Parador Nacional** (☎922 37 48 41 ; www.parador.es ; d avec petit-déj 145€ ; P ❄ wifi ≋) possède un excellent restaurant. À défaut, rejoignez **Vilaflor**, qui compte plus d'adresses, dont **El Rincon de Roberto** (☎922 70 90 35 ; Avenida Hermano Pedro 27 ; plats 12-18 € ; 🕒12h-17h lun, 12h-22h mer-sam), spécialisé dans la cuisine canarienne.

Bon plan

Pour les randonnées les plus longues, prévoyez des chaussures et des bâtons de marche, des provisions, une carte et une boussole. Ne sous-estimez pas ce sommet. Même si ce n'est pas l'Everest, El Teide est à prendre très au sérieux.

aux familles, vous conduira au fil des Roques, nécessitant tout au plus une paire de bonnes chaussures et des habits chauds. À l'ouest s'étendent les plaines pelées du Llano de Ucanca.

Le sommet en téléphérique

Le **téléphérique** (☎922 01 04 40 ; www.telefericoteide.com ; adulte/enfant 26/13 € ; ⏲9h-16h ; P) constitue le moyen le plus simple et le plus prisé de rallier le sommet d'El Teide. Par temps clair, vous contemplerez les paysages désolés de l'immense caldeira de Las Cañadas alentour, les pentes boisées de l'île et, plus loin dans l'Atlantique, les îles de La Gomera, La Palma et El Hierro. Huit minutes suffisent pour parcourir les 1 200 m d'ascension. Couvrez-vous chaudement.

Ascension jusqu'au sommet

Si vous envisagez d'escalader El Teide, il vous faudra réserver votre place en ligne sur www.reservasparquesnacionales.es. Vous avez jusqu'à 14h, la veille de l'ascension, pour sélectionner l'un des créneaux de 2 heures disponibles afin d'effectuer l'ultime ascension vers le sommet. Outre le permis requis, apportez votre passeport ou une pièce d'identité.

Observatorio del Teide

L'**observatoire** constitue l'un des meilleurs endroits de l'hémisphère Nord pour admirer les étoiles. Les scientifiques du monde entier se pressent ici pour les étudier. Une visite gratuite est possible, sur réservation (voir le site www.iac.es). **Volcano Life Experience** (☎922 01 04 44 ; www.

Comprendre

Pico Viejo

À l'origine, le site d'El Teide était considéré comme sacré par les Guanches, qui étaient persuadés qu'il soutenait le ciel. Depuis la colonisation de l'île, le volcan a connu plusieurs éruptions, dont quatre au XVIIIe siècle et une en 1909. En 1789, l'un de ces épisodes déchira le flanc sud-ouest du volcan, laissant derrière lui une entaille de 700 m. Aujourd'hui, on aperçoit clairement les fragments de magma, projetés à plus d'un kilomètre de distance et retombés pêle-mêle. À ce jour, aucun brin de végétation n'a reparu à la surface de sa pente aride. De nombreux scientifiques sont convaincus que le volcan, bien qu'actuellement endormi, pourrait un jour se réveiller.

Pico Viejo

volcanolife.com ; 30 €), un prestataire privé, offre également diverses formules à la découverte des étoiles, à partir de 30 € par personne.

Paradis naturel

Le parc national renferme quatorze végétaux endémiques, dont la délicate violette du Teide. En matière géologique, la même richesse s'impose : 80% des formations volcaniques de la planète sont représentées ici, sans oublier les formations rocheuses, pipes et autres cônes volcaniques.

Vilaflor

Logé sur le très ensoleillé versant sud d'El Teide, Vilaflor (1 400 m) se présente comme le village le plus élevé d'Espagne. Ralliez la place principale, qui regroupe tous les sites d'intérêt (boutiques de la dentelle, bars et restaurants, etc.). Visitez l'église paroissiale du XVIe siècle, qui honore San Pedro, l'unique saint de Tenerife.

Santiago del Teide

Ce bourg, qui se dresse juste au nord-ouest du parc national, offre une formidable base pour visiter Los Gigantes, Garachico et Masca ; ce dernier village, l'un des plus spectaculaires de Tenerife, s'étend sur une crête vertigineuse, au cœur du magnifique Parque Rural de Teno – excellent pour la randonnée.

100% tinerfeños
Le charme pastoral de Garachico

Comment y aller

Le n°107 relie la ville à Santa Cruz (8,15 €, 2 heures), La Laguna et La Orotava ; le n°363 dessert Puerto de la Cruz (3,75 €, 1 heure, jusqu'à 20/jour).

Souvent ignorée des touristes, Garachico a su conserver tout son charme. Ce fut l'un des ports les plus importants de l'île mais, en 1706, une coulée de lave stoppa net son activité en comblant la rade. Située dans une profonde vallée et proche d'un littoral rocailleux, l'agréable localité mérite un court séjour, le temps d'arpenter les rues pavées, d'admirer les maisons anciennes épargnées par le volcan, de visiter le Castillo de San Miguel (XVIe siècle) et l'église Santa Ana, mais aussi de prendre le pouls de sa vie de village.

❶ Criques volcaniques

S'étendant sur le front de mer, cet ensemble de piscines naturelles, baptisé **El Caletón** (Avenida Tome Cano), fut formé par des coulées de lave lors de l'éruption de 1706, qui ensevelit la moitié de la ville. Aujourd'hui, ces cavités sont idéales pour barboter et nager ; certaines sont même assez profondes pour plonger.

❷ Flânerie sur le front de mer

Le front de mer, ponctué de criques rocheuses fréquentées par les pêcheurs, est l'occasion d'une belle balade pour rejoindre le **Castillo de San Miguel** (Avenida Tome Cano ; adulte/enfant 2 €/gratuit ; ⌚10h-16h). Il renferme un musée consacré à l'histoire de la ville, avec des pièces concernant la piraterie, la vie en mer et la géologie. Du haut de la tour s'étend un magnifique point de vue.

❸ Vie de village

Prenez le pouls du village sur l'une des plus jolies places de Tenerife, la **Plaza Libertad**, où les anciens jouent aux dominos au milieu des couples en balade, des enfants tapant dans le ballon et des familles installées à l'ombre des ficus. Un kiosque, près de l'**église Santa Ana** (XVIe siècle), sert café, boissons et en-cas.

❹ Retour vers le passé

À l'angle de la place se dresse le beau **Convento de San Francisco** (Plaza Libertad ; adulte/enfant 2 €/gratuit ; ⌚11h-14h et 15h-18h lun-ven, 10h-16h sam), également du XVIe siècle. Cet ancien couvent, reconverti en musée, organise ses expositions autour des cloîtres. On y découvre le patrimoine volcanique de la ville et de l'archipel, ainsi que d'instructifs clichés des années 1900 sur la vie de l'île.

❺ Tapas Time

Passez devant le somptueux Hotel La Quinta Roja, contournez-le et repartez vers la charmante **Tasca de Vino** (☎696 69 52 75 ; Glorieta de San Francisco ; tapas et boissons 2,50 € ; ⌚12h-16h et 19h-23h), un petit bar logé dans une pittoresque ruelle pavée. On y sirotera une boisson accompagnée d'une généreuse portion de tapas, moyennant la modique somme de 2,50 €.

❻ Dingue d'artisanat

Non loin, l'**Art Shop** (www.artshop-garachico.com ; Calle Esteban Ponte 3 ; ⌚11h-20h), tenue par la créatrice allemande Alice Gauer et son compagnon espagnol Julian Betemps, offre une éclectique sélection d'artisanat local : bijoux à base d'oursins, assiettes en bois sculpté, poteries contemporaines, tableaux, etc.

❼ Tasca d'antan

Concluez votre journée à la merveilleuse **Casa Ramón** (Calle Esteban de Ponte 4 ; plats 6-8 € ; ⌚13h-20h lun-sam), tenue par une dame d'un certain âge qui refuse toute concession à la modernité ; les factures sont griffonnées sur un morceau de papier et le café est aux abonnés absents. La carte est renouvelée chaque jour.

Les incontournables
À la découverte des monts Anaga

Comment y aller

🚗 Un véhicule particulier constitue la meilleure façon d'explorer la région.

🚌 Six bus par jour relient Santa Cruz à Taganana, via San Andrés, avec (1,60 €, 50 minutes).

Ces montagnes escarpées abritent des hameaux situés dans des vallées couleur émeraude, environnées de forêts de lauriers centenaires et de pics aux versants tapissés de pins. À l'extrême nord-est de Tenerife, le massif des Anaga offre quelques-uns des paysages les plus spectaculaires de l'île. Sans surprise, cette région est aussi l'une des plus propices à la randonnée.

❶ Petit-déjeuner près de la plage

Rejoignez San Andrés, dont les étroites rues ombragées sont jalonnées de maisons de pêcheurs. Prenez un café au **Bar El Peton** (☎922 59 11 29 ; Calle Aparejo ; plats 7-9 € ; 🕒7h-19h), puis flânez jusqu'au bout de la promenade pour admirer la majestueuse Playa de las Teresitas, l'une des plus belles plages de sable clair de Tenerife.

❷ Cruz del Carmen

L'étape suivante, à 29 km, constitue un arrêt indispensable. Le **Centro de Visitantes** (centre des visiteurs ; ☎922 63 35 76 ; Cruz del Carmen, monts Anaga ; 🕒9h30-16h) fournit des informations et des cartes sur les itinéraires des 13 randonnées possibles, dont plusieurs partent d'ici. Sur place : un excellent café et une petite chapelle.

❸ Village pittoresque et randonnée

Prenez la TF-136 jusqu'à **Afur**. Ce splendide et paisible hameau, qui compte tout juste 15 habitants, est niché dans un luxuriant ravin travrsé par un cours d'eau. Rejoignez **La Cantina** (Afur ; 🕒10h-14h et 17h-19h lun-sam), un bar-boutique où le propriétaire José Jimenez vend du fromage, du pain et du vin local (on peut y goûter moyennant 1 €). Depuis le parking, plusieurs randonnées sont indiquées.

❹ Taganana

De retour sur la TF-12, suivez les panneaux jusqu'à **Taganana**, sur la TF-134. Cette route sinueuse et pentue, qui finit par rejoindre la côte, est l'une des plus attrayantes du massif. Flânez dans les charmantes rues pavées de Taganana, un bourg colonial, et visitez l'**Iglesia de Las Nieves**, du XVIe siècle.

❺ Halte gourmande à Benijo

Poursuivez vers le hameau de **Benijo**, qui compte un restaurant de fruits de mer chaudement recommandé, **El Fronton** (plats 7-9 € ; 🕒10h-20h). Testez le poisson grillé, accompagné de pommes de terre à la sauce *mojo*. Ensuite, remontez la colline jusqu'à la **Casa Paca**, où l'on produit du fromage de chèvre (9 € le kilo).

❻ De Charmorga à Tafada

Dépassez Draguillo jusqu'à l'endroit où la route pique vers les terres en direction du village de **Charmorga**, niché dans une vallée verdoyante plantée de palmiers. Prenez un café au **Bar Casa Álvaro** (en-cas 3-6 € ; 🕒10h-13h30 et 17h-19h) et partez à la découverte des rues bordées de maisons traditionnelles aux toits de style mauresque. Suivez la randonnée de 1,3 km jusqu'au village abandonné de **Tafada**, via un sentier signalisé.

❼ Bienvenue chez les pêcheurs !

Regagnez San Andrés via la TF-123 et la TF-12. Concluez votre journée par un repas de fruits de mer à la **Confradía de Pescadores** (☎922 54 90 24 ; Avenida Marítimo de San Andrés ; plats 10-18 € ; 🕒mer-lun 12h-23h), qui appartient aux pêcheurs du cru : autant vous dire que le poisson est frais !

Tenerife selon ses envies

Envie de...

Auditorio de Tenerife (p. 34)

Envie de... Restaurants

La tradition culinaire de Tenerife a évolué, même dans les stations balnéaires du Sud où l'on a longtemps peiné à trouver autre chose qu'une morne cuisine "internationale". Désormais, le visiteur peut délaisser les buffets au profit de repas dignes de ce nom, des spécialités canariennes, basées sur une solide cuisine maison, jusqu'à la gastronomie mise en œuvre par des chefs pleins d'imagination.

Horaires et usages

En général, le petit-déjeuner (*desayuno*) est un repas simple alliant jus de fruits, café ou thé, céréales ou *gofio* (farine de céréales grillées, substitut du pain dans la cuisine locale) et pain grillé, avec jambon ou fromage. Quant aux *churrerías*, elles servent de délicieux *churros*, ces beignets frits en spirale accompagnés d'une tasse de chocolat chaud onctueux.

Les affaires sérieuses commencent avec le déjeuner (*la comida*). Si les habitants ont tendance à manger à la maison, les restaurants sont légion et servent de 13h à 16h environ. Dans nombre d'entre eux, un menu du jour (*menú del día*) est proposé à midi.

À la maison, le dîner est servi à partir de 21h, tandis que les restaurants ouvrent généralement de 20h à 23h, voire plus tard (dans les stations touristiques). Chez eux, les Tinerfiños mangent légèrement, sauf le week-end ou lors des fêtes, où le repas, plus copieux, comprend la famille élargie.

Cuisine de rue

Ici, les en-cas de rue se limitent aux *churros* et aux *buñuelos* (beignets). Vous vous régalerez aussi de glaces et pourrez vous désaltérer auprès des kiosques vendant des jus de fruits frais (papaye, mangue, etc.).

DONHYPE/GETTY IMAGES ©

☑ À savoir

- L'eau du robinet est potable, mais il vous faudra la demander (*un vaso de agua del grifo*) : la plupart des établissements vendent de l'eau en bouteille.
- Le pain est fourni (et facturé).

Tables traditionnelles

Bodeguita Canária
Repaire de Santa Cruz servant des spécialités canariennes dans un cadre accueillant. (p. 36)

La Llave de Las Nubes
Niché à l'abri des regards (et des touristes), ce restaurant de Santa Cruz est résolument canarien. (p. 38)

La Casa de Oscar
Évocateur et très prisé,

cet établissement de La Laguna sert des mets traditionnels bien présentés. (p. 55)

Regulo Un bastion de la cuisine tinerfiña, logé dans une demeure historique de Puerto de la Cruz. (p. 72)

La Papaya Toujours aussi populaire, cette institution de Puerto de la Cruz sert des classiques canariens sans chichis. (p. 72)

La Tesela Cette adresse simplissime à La Orotava concocte une délicieuse cuisine locale. (p. 81)

Sabor Canario Un charmant restaurant de La Orotava, avec un patio à l'ancienne. (p. 86)

Tapias La Bodega Frayez-vous un passage jusqu'à ce bar de La Orotava pour savourer des tapas ou un plat du jour. (p. 86)

Tascafe Grimaldi Le cadre, une demeure historique de La Orotava, s'allie à une carte bien fournie pour en faire une adresse de choix. (p. 88)

Restaurante Fortuna Nova Une excellente table de Puerto de la Cruz pour goûter une excellente cuisine espagnole (et canarienne). (p. 98)

Restaurants tendance

El Aguarde Ici, les plats de saison relèvent de l'œuvre d'art. À Santa Cruz. (p. 36)

Bulan Cadre somptueux, carte bien d'aujourd'hui, et clientèle branchée à Santa Cruz. (p. 38)

Guaydil Ce restaurant élégant et informel affiche une inventive carte internationale, à La Laguna. (p. 55)

The Oriental Monkey Décor attrayant et carte fusion à la Playa de las Américas. (p. 109)

La Tasca de Bullicio Une adresse discrète et tendance pour se régaler de mets créatifs à La Orotava. (p. 88)

Saveurs étrangères

Capricho Libanés Un restaurant de La Laguna tenu par des Libanais, avec des classiques moyen-orientaux. (p. 57)

Le Bistrot d'Alain Institution de Los Cristianos proposant une cuisine française classique. (p. 97)

La Rosa di Bari Plusieurs espaces de restauration intimistes et une cuisine italienne originale, dans une demeure historique de Puerto de la Cruz. (p. 71)

Selma & Louisa Des mets et des pâtisseries suédois préparés avec simplicité, à Puerto de la Cruz. (p. 71)

Thai Botanico Un cadre exotique et une odorante cuisine asiatique, légèrement épicée, à la Playa de las Américas. (p. 110)

Christy's Une cuisine britannique sans prétention, bien travaillée et authentique ; Costa Adeje. (p. 110)

Vaut le détour

Donnant sur un jardin en terrasses et la mer au loin, à environ 3,5 km au sud-est de La Orotava, sur la TF-21, la **Bodega el Reloj** (☎ 696 38 65 24 ; Camino Los Frontones 37 ; plats 12-15 € ; ⏰ 12h-16h et 19h-23h mar-dim) jouit d'un cadre splendide, évoquant un peu la côte amalfitaine en Italie. Les plats sont aussi bien présentés que délicieux, avec notamment des steaks cuits sur la pierre chaude.

Envie de... Shopping

Tenerife possède une excellente chaîne de boutiques de souvenirs, qui promeut l'artisanat local. Les villes les plus importantes comportent en outre un espace commercial piétonnier, où les échoppes originales côtoient les enseignes nationales. Par ailleurs, les épiceries fines invitent à remplir ses valises de gourmands produits régionaux.

Mode et accessoires

Outre les magasins dédiés aux créateurs espagnols, soyez à l'affût des boutiques orientées vers les designers tinerfiños. Les chaussures, de qualité et généralement moins chères que sur le continent, constituent un achat avisé. Les articles en cuir sont également associés de longue date à l'Espagne, tandis que les Canaries possèdent quantité de magasins vendant vestes, sacs et ceintures à des prix très concurrentiels. La dentelle et la broderie sont d'excellente qualité, même s'il faut se méfier des contrefaçons chinoises.

Poteries et bijoux

Les terres cuites reprenant des motifs guanches sont prisées, tout comme les céramiques plus raffinées et les poteries importées d'Espagne. Les bijoux en argent et les perles sont assez bon marché – l'enseigne Tenerife Pearl, dont on voit partout les publicités, compte plusieurs magasins sur l'île.

Produits gastronomiques

Plusieurs villes ont vu s'ouvrir des marchés gastronomiques – d'agréables espaces animés où l'on peut se restaurer, prendre un verre et faire des emplettes. En outre, des boutiques spécialisées vendent un excellent choix de produits en bocaux, de fromages et de jambons (*jamón*) locaux.

Mode

Dolores Promesas Cette dynamique créatrice de Santa Cruz séduit une clientèle chic et branchée avec ses modèles et ses tissus richement imprimés. (p. 42)

Carolina Boix Chaussures confortables et bon marché pour hommes et femmes ; à Santa Cruz. (p. 43)

El Ganso Une élégante boutique pour hommes, mixant couleurs vives et motifs imaginatifs ; à Santa Cruz. (p. 43)

Carey L'adresse idéale pour s'acheter un accessoire tape-à-l'œil ou une tenue sensationnelle ; à Puerto de la Cruz. (p. 75)

Tina Cette boutique de Los Cristianos vend des bijoux excentriques. (p. 95)

Rue Sant Telmo à Puerto de la Cruz (p. 60)

Hensi Vaste choix de chaussures, avec un accent mis sur les griffes de créateurs et les marques nationales ; Playa de las Américas. (p. 115)

Produits gourmands

El Rincon Extremeño Une boutique dédiée à la charcuterie, aux fromages et aux produits gastronomiques ; à La Laguna. (p. 59)

Licoreria Puerto Un espace débordant d'articles d'épicerie fine, des sauces pimentées jusqu'aux chocolats ; à Puerto de la Cruz. (p. 75)

Olé Espacio Gourmet À ne pas manquer sur le marché de Los Cristianos, pour sa sélection de charcuteries et de fromages. (p. 101)

Souvenirs

Artenerife Un artisanat d'excellente qualité, avec des poteries et bijoux, fabriqués sur l'île ; Playa de las Américas. (p. 114)

Casa de la Aduana Un vaste choix de créations artisanales, mais aussi des vins et des produits gastronomiques ; Puerto de la Cruz. (p. 74)

MAIT Artisanat d'Amérique latine, offrant un merveilleux festival de motifs et de couleurs ; La Orotava. (p. 89)

La Alpizpa Originales et colorées, ces créations sont l'œuvre d'habitants présentant des troubles de l'apprentissage ; Los Cristianos. (p. 100)

La Ranilla Logée dans une maisonnette de pêcheur, une boutique bohème idéale pour trouver un cadeau fait main ; Puerto de la Cruz. (p. 74)

Librairies

La Isla Institution de Santa Cruz, richement pourvue sur plusieurs niveaux. (p. 43)

Librería Barbara Une véritable caverne d'Ali Baba à Los Cristianos : livres, magazines, cartes, etc. (p. 101)

Vintage et brocante

Dicky Morgan Magasin hyper branché, dédié à l'art, à la mode et à la décoration vintage ; La Laguna. (p. 59)

Vintage Store 13 Ce petit espace alléchant recèle des perles rares au milieu d'un fouillis rétro ; Santa Cruz. (p. 42)

Envie de... Espaces verts

Tenerife recèle des espaces verts charmants, notamment à Puerto de la Cruz. Vous pourrez parfaire vos connaissances botaniques en explorant des jardins différents, certains avec une distinction toute britannique (jusqu'au terrain de croquet !), d'autres plutôt subtropicaux. Les parcs urbains de l'île sont tournés vers les familles, impeccablement entretenus et dotés d'une végétation luxuriante, avec palmiers et flore tropicale.

Les parcs, lieux de vie

Comme sur le continent, les espaces verts font ici partie intégrante de la ville et constituent des lieux de ralliement très prisés. Ils offrent l'agrément d'aires de jeux et d'équipements de fitness pour les adultes, ainsi que de nombreux bancs, bienvenus le temps d'une pause à l'ombre. Vous y trouverez aussi des toilettes, ainsi qu'un café ou un bar. Certains parcs disposent d'un kiosque accueillant des musiciens. De plus en plus de parcs sont ornés des sculptures signées d'artistes contemporains et des marchés d'artisanat.

Jardins botaniques

Tenerife abrite probablement les plus beaux jardins botaniques des Canaries, l'occasion de passer quelque heures dans un lieu merveilleux et de profiter d'une généreuse ombre naturelle.

Parque Forestal de Anaga

Parmi les espaces verts les plus spectaculaires de l'île figure ce parc forestier des monts Anaga, un massif préservé dans le nord-est de l'île (p. 122). Il vous faudra un véhicule pour visiter cette région. On y passe aisément la journée grâce aux aires de pique-nique, avec barbecues et terrains de jeux.

KAY MAERITZ/GETTY IMAGES ©

Parcs urbains

Parque García Sanabria Une délicieuse sélection de végétation méditerranéenne ou subtropicale, ponctuée de bassins et de sculptures ; à Santa Cruz. (p. 31)

Plaza Príncipe de Asturias Asseyez-vous à l'ombre d'un immense banian dans ce beau parc de la capitale. (p. 30)

Jardins botaniques

Palmetum Un parc sur le front de mer, avec une vaste collection de palmiers du monde entier ; Santa Cruz. (p. 35)

Jardín Botánico Le jardin le plus connu de Tenerife, doté d'une histoire fascinante et de quelques végétaux d'exception ; Puerto de la Cruz. (p. 62)

Parque Marítimo César Manrique (p. 35)

Jardins aquatiques Risco Belle Un luxuriant jardin aquatique, avec lacs, fontaines et végétaux éblouissants ; à Puerto de la Cruz. (p. 63)

Jardin des orchidées Sitio Litre Une verdoyante oasis de fontaines murmurantes, avec des orchidées en vedettes ; à Puerto de la Cruz. (p. 68)

Hijuela del Botánico Charmant petit jardin, avec oiseaux, papillons et sentiers sinueux ; La Orotava. (p. 86)

Jardínes del Marquesado de la Quinta Roja Des jardins en terrasses, offrant une cascade de couleurs au cœur de La Orotava. (p. 83)

Parcs familiaux

Parque Marítimo César Manrique Les palmiers offrent une touche verdoyante bienvenue à ce parc aquatique conçu par Manrique, à l'ombre de l'auditorium de Santa Cruz. (p. 35)

Espaces naturels

Monts Anaga Une région sauvage, préservée et verdoyante dans le nord-est de l'île, avec des montagnes tapissées de pins et des forêts de lauriers. (p. 122)

El Teide Plus volcanique que verdoyant, El Teide reste néanmoins riche en couleurs et de mystère ; venez admirer le défilé de fleurs sauvages au printemps. (p. 116)

Vaut le détour

À quelque 25 km à l'ouest de La Orotava, la minuscule localité d'Icod de los Vinos abrite le **Drago Park** (adulte/enfant 4/2,50 € ; 9h30-18h30), l'occasion de voir de près (ce qui serait) le plus ancien dragonnier des Canaries. On y trouve également un charmant jardin botanique et un sentier "guanche", qui recèle une grotte avec des crânes et des ossements plus vrais que nature (les plus jeunes adoreront !).

Envie de... Sorties gratuites

Que vous écumiez les parcs d'attractions en famille ou recherchiez les hauts lieux culturels, les loisirs, en vacances, ont un prix... souvent élevé. Voici quelques pistes pour découvrir les sites et les sorties à faire sans débourser un *céntimo*.

Partez en balade

Certains offices du tourisme proposent des visites guidées de la ville, qui couvrent en général les principaux sites ou le centre historique. Parfois, ces parcours gratuits permettent aussi d'apercevoir des lieux habituellement fermés au public. Ces circuits piétonniers ne font pas toujours l'objet d'une intense promotion : renseignez-vous auprès de l'office du tourisme concerné pour savoir si de telles formules sont proposées. Une somme symbolique est parfois requise.

Accès libre

De nombreux musées et sites ouvrent leurs portes gratuitement un jour par mois (souvent le premier dimanche), tandis que d'autres privilégient une période spécifique. Consultez les sites Internet des lieux concernés.

Le meilleur de l'art et de la culture

Centro de Arte La Recova D'inventives expositions thématiques mettant à l'honneur des artistes et photographes contemporains venus d'Espagne ; Santa Cruz. (p. 36)

Sculptures en plein air À Santa Cruz (notamment dans le parc), admirez des pièces signées des plus grands sculpteurs du monde. (p. 34)

Auditorio de Tenerife Participez à une visite gratuite du spectaculaire auditorium (photo ci-dessus) de la capitale. (p. 34)

JOSÉ MIGUEL HERNÁNDEZ HERNÁNDEZ/GETTY IMAGES ©

Marchés aux puces

Rastro Le plus vaste marché aux puces de l'île, couvrant plusieurs rues de Santa Cruz : on y déniche de tout. (p. 43)

Musées en libre accès

Castillo de San Cristóbal Extraordinaire espace scénographique dans les souterrains du fort de Santa Cruz. (p. 31)

Museo de Bellas Artes Somptueuse galerie de Santa Cruz, mettant à l'honneur des maîtres comme le Flamand Brueghel ou l'Espagnol Ribera. (p. 34)

Casa del Vino La Baranda Ce petit musée d'El Sauzal vous apprendra tout ce qu'il faut savoir sur la production de vin sur l'île. (p. 74)

Envie de... Bars

Que vous soyez en quête d'un café, d'un cocktail ou d'une *cerveza* (bière), Tenerife vous promet l'embarras du choix. Vous risquez de passer beaucoup de temps en terrasse, mais, avec pareille combinaison gagnante, qui songerait à s'en plaindre ?

HEINRICH VAN DEN BERG/GETTY IMAGES ©

Comment choisir son café...

À savoir avant de commander : le *café con leche* comprend environ 50% de café, 50% de lait chaud ; la *sombra* compte un peu plus de lait ; le *café solo* est un expresso servi noir ; le *cortado* est un expresso avec une goutte de lait ; le *cortado de leche y leche* est un expresso allongé de lait concentré et de lait ordinaire.

Cafés inoubliables

La Casita Un délicieux petit café, à Santa Cruz, avec une décoration d'autrefois et des gâteaux au goût de beurre. (p. 31)

Coffee Break Un espace bohème et branché qui sert pâtisseries maison et en-cas salés, à La Laguna. (p. 58)

Ebano Café Élégante institution de Puerto de la Cruz. Ambiance décontractée. (p. 73)

Bars à cocktails

Mojos y Mojitos Ce bar animé du centre de Santa Cruz sert de bons mojitos. (p. 40)

Beach House Un espace contemporain très chic, près de la promenade de Los Cristianos, parfait pour un cocktail. (p. 100)

Bar el Pincho Vous contemplerez un magnifique coucher du soleil sur la mer depuis la vaste terrasse dominant la promenade de Playa de las Américas. (p. 113)

Papagayo Clientèle chic et situation enviable sur le front de mer de Playa de las Américas. (p. 112)

Bars de quartier

Bar 7 Vies Un bar très prisé du milieu d'affaires de La Laguna. (p. 57)

Bar Benidorm Cadre traditionnel, blondes espagnoles à la pression et atmosphère animée : l'un des repaires favoris de La Laguna. (p. 58)

Tasca Nano Bar de quartier de Los Cristianos, avec tapas et *raciones* à partager. (p. 99)

Bars à jus

La Pera Limonera L'une des adresses gagnantes de La Laguna, avec ses assortiments intéressants de fruits et de légumes, plus le Wi-Fi. (p. 58)

Bar Zumería Doña Papaya Ce bar sans chichis concocte des jus de fruits hyper frais, à Santa Cruz. (p. 40)

Envie de... Architecture

Tenerife possède quelques-uns des édifices historiques les plus étonnants des Canaries. Les styles se marient pour produire un résultat saisissant. Parmi les traits les plus séduisants de ce patrimoine figurent les boiseries richement ouvragées, qu'on observe en façade, dans les patios intérieurs et sur les plafonds d'inspiration mudéjare, où l'on perçoit l'influence musulmane.

Maison canarienne

Essentiellement influencée par les architectures portugaise et andalouse, la maison canarienne se distingue d'abord par son côté pratique. Les chambres se déploient autour d'un patio central, généralement pourvu de fleurs et de fontaines, qui vise à créer un espace de vie extérieur où il fait frais. Les demeures des notables comprennent une galerie ombragée au deuxième niveau, généralement construite en bois sculpté et reposant sur de fines colonnes en pierre ou en bois. La façade peinte arbore habituellement des tons jaune, rose et ocre. Des volets ajourés permettent à l'air de circuler tout en protégeant du soleil, tandis que l'encadrement de la porte et des fenêtres, taillé dans la pierre naturelle, apporte à la façade une élégante touche classique.

Architecture sacrée

Après la colonisation espagnole et l'implantation du christianisme (fin XVe-début XVIe siècle), l'île se couvrit d'églises. Certaines sont de style gothique, d'autres arborent des éléments Renaissance ou baroques. Vous verrez aussi des éléments de décoration mudéjars qui associent art chrétien et motifs mauresques. La plupart des églises villageoises possèdent des façades chaulées, créant un style îlien caractéristique, en harmonie avec l'environnement.

Bâtiments contemporains

Auditorio de Tenerife Stupéfiant bâtiment de Santa Cruz, conçu par l'architecte contemporain le plus réputé d'Espagne, Santiago Calatrava. (p. 34)

Tenerife Espacio de las Artes (TEA) Tout en angles, éclairages spectaculaires et verre, l'intérieur du TEA constitue un espace résolument moderne ; Santa Cruz. (p. 26)

Parque Marítimo César Manrique Ce parc offre un avant-goût du style caractéristique de Manrique, fameux architecte canarien. (p. 35)

Édifices historiques

Museo de Bellas Artes Cet ancien couvent de Santa Cruz abrite des bustes de personnages clés de l'histoire de Tenerife. (p. 34)

Centro de Arte La Recova Un charmant édifice des années 1850, jadis siège du marché de la capitale. (p. 36)

Teatro Guimerá Un cadre Art déco, idéal pour un divertissement de haute volée à Santa Cruz. (p. 36)

Casa Torrehermosa Une belle demeure du XVIIe siècle, avec des boiseries sculptées d'une qualité exceptionnelle ; La Orotava. (p. 81)

Casa de los Capitanes Ce majestueux édifice du XVIIe siècle, à La Laguna, illustre l'architecture canarienne de son temps. (p. 51)

Demeures de tradition

Casa de la Aduana Cet ancien bureau de douane du XVIIe siècle brille par sa galerie intérieure et ses boiseries sculptées ; Puerto de la Cruz. (p. 74)

Casa de los Balcones Une demeure à la célébrité méritée, à La Orotava, avec ses belles boiseries sculptées et son patio intérieur avec galerie. (p. 78)

Casa del Turista Un ancien monastère (1590) de La Orotava, ayant conservé l'essentiel de ses éléments d'origine. (p. 85)

Casa Lercaro Une demeure de La Laguna bâtie par une famille aisée au XVIe siècle. (p. 48)

Liceo de Taoro Une demeure néoclassique des années 1850, empreint d'une présence majestueuse, à La Orotava. (p. 81)

Museo de las Alfombras Autre somptueuse demeure du XVIe siècle, bien préservée à La Orotava. (p. 85)

Édifices sacrés

Iglesia de la Concepción Véritable icône de l'horizon urbain de La Orotava et beauté baroque aux clochers jumeaux. (p. 86)

Iglesia de Las Nieves Cette petite église toute simple (1515), dans les monts Anaga, est la quatrième plus ancienne de l'île. (p. 122)

Iglesia de Nuestra Señora de la Concepción Exceptionnelle église (1498) de Santa Cruz, avec un plafond à caissons mudéjar. (p. 34)

Catedral Cette cathédrale de La Laguna (photo à gauche) mêle plusieurs styles architecturaux, néoclassique et gothique notamment. (p. 53)

Iglesia y ex-convento de San Agustín Jetez un coup d'œil au cloître de cette église du XVIIe siècle, en ruine, à La Laguna. (p. 54)

Vaut le détour

Sur la côte est, les **Pirámides de Güímar** (☎922 51 45 10 ; www.piramidesdeguimar.net ; Calle Chacon, Güímar ; adulte/enfant 11 €/gratuit ; 9h30-18h), des édifices évoquant l'architecture maya, conservent un certain mystère. Le scientifique Thor Heyerdahl a avancé la thèse que les Canaries auraient constitué une étape pour la traversée de l'Atlantique entre l'Afrique du Nord et les Caraïbes bien avant la découverte de l'Amérique par Christophe Colomb. Il semblerait en fait aujourd'hui que les pyramides remonteraient au XIXe siècle. Prenez toute la mesure de la question en visitant le site restauré et le musée de Güímar.

Envie de... Randonnées

De nombreux sentiers, parfois immémoriaux, sillonnent l'île. Le Parque Nacional del Teide et les monts Anaga, notamment, constituent des cadres particulièrement propices à la marche, qu'il s'agisse de promenade facile à faire en famille ou de l'ascension du fameux volcan El Teide. Le bord de mer se prête également à la flânerie. Une seule mise en garde : les randonneurs éviteront les grosses chaleurs de juillet-août.

MARIDAV/GETTY IMAGES ©

Balades citadines

Puerto de la Cruz Une balade en pente douce mais plaisante, du centre de Puerto vers les jardins, via le Mirador de la Paz. (p. 60)

La Laguna La ville la plus pittoresque de Tenerife, à découvrir à pied pour en apprécier l'architecture. (p. 46)

Santa Cruz de Tenerife Loffice du tourisme diffuse une carte détaillant le tour des sculptures dans le centre-ville. (p. 22)

Sur le front de mer

Costa Adeje Prenez vers l'est pour une balade tonifiante sur la promenade entre la Playa del Duque et La Caleta. (p. 102)

El Médano Une carte disponible à l'office du tourisme détaille plusieurs parcours de randonnée. (p. 93)

Santa Cruz de Tenerife Depuis le port, la promenade réaménagée offre une agréable balade vers l'est. (p. 22)

Port de Los Cristianos Une balade tranquille le long du front de mer et jusqu'au port ; idéal au crépuscule. (p. 90)

Sentiers de randonnée

La Orotava La vallée qui entoure la ville recèle un lacis de sentiers sillonnant un cadre spectaculaire. (p. 76)

Garachico Aux portes de la ville, parcourez des sentiers qui suivent le tracé des anciennes coulées de lave. (p. 118)

El Teide On dénombre une vingtaine de parcours bien signalés autour du volcan. (p. 116)

Aguamansa Marchez au milieu de vénérables lauriers et de pins haut perchés, près de La Orotava. (p. 87)

Monts Anaga Ralliez le centre des visiteurs de Cruz del Carmen, point de départ de plusieurs excellentes randonnées. (p. 122)

Randonnées accompagnées

Trekking Tenerife (www.trekking-tenerife.com). Organise des treks de distance et de difficulté variables à Tenerife et sur d'autres îles.

Envie de... Plages

Tenerife possède des plages de sable blond (importé !), et pas uniquement des étendues de sable volcanique contrairement aux autres îles de l'archipel. Longues et dorées, intimes ou tranquilles, animées et ventées... il y en a ici pour tous les goûts. Avec un soleil présent toute l'année et une eau délicieuse (entre 18 et 26°C), les *playas* tinerfiñas n'ont guère de mal à séduire les foules.

JEAN-PIERRE LESCOURRET/GETTY IMAGES ©

Accessibilité des stations balnéaires

Tenerife est la destination canarienne la plus adaptée aux personnes handicapées. Les plages ne font pas exception, notamment dans le Sud, où Los Cristianos donne l'exemple avec ses plages en terrasses, pensées pour les visiteurs à mobilité réduite. Des fauteuils amphibies sont disponibles, tout comme l'assistance et les conseils des équipes de la Croix-Rouge.

Origine du sable

Tenerife est une île volcanique. Les plages de sable doré que l'on trouve ici (comme dans d'autres stations canariennes) sont donc le résultat d'un important investissement des instances touristiques – avec un coup de pouce de la Communauté européenne. Dans certains cas, le sable a été pompé sur les fonds marins ; dans d'autres, il a été importé du désert du Sahara.

Les plus belles plages

Playa de Las Teresitas Près de Santa Cruz, cette vaste étendue de sable doré (photo ci-dessus) a été épargnée par l'aménagement touristique. (p. 36)

Playa de las Vistas Une sublime plage de sable clair, qui relie Los Cristianos à Playa de las Américas. (p. 106)

Playa del Duque La bien nommée "plage du Duc" est empreinte d'une atmosphère plus chic que d'autres. (p. 106)

Les meilleures plages pour les sports nautiques

Los Cristanos Le port de pêche est jalonné de kiosques offrant un vaste choix d'excursions et de circuits sur les flots. (p. 92)

El Médano L'une des meilleures plages de l'île pour la planche à voile et le kitesurf, avec des prestataires proposant des cours en bordure de plage. (p. 93)

Playa Honda Cette plage centrale de Playa de las Américas accueille l'une des meilleures écoles de surf de la région. (p. 106)

Envie de...
Activités avec des enfants

Tenerife est une bonne destination pour voyager en famille. Les plages et le soleil omniprésent offrent un cadre de base fort sympathique, auquel viennent s'ajouter l'attrait des parcs de loisir, les balades à dos de chameau, les musées, les jardins et les sports nautiques. Par ailleurs, la culture canarienne célèbre largement les enfants, qui seront les bienvenus en tout lieu.

Activités gratuites

Outre les sites dédiés aux enfants (parcs, zoos, etc.), les places se muent aisément en terrains de jeux où les plus jeunes tapent dans le ballon ou font du vélo, tandis que leurs parents sirotent un verre dans l'un des bars à tapas avoisinants. Ici, les enfants se couchent tard et il n'est pas rare, lors des fêtes, de voir les tout-petits arpenter les rues à 2h du matin.

Hébergement

La plupart des hôtels des catégories moyenne et haut de gamme offrent un service de baby-sitting. Si vous partagez votre lit avec vos enfants, sachez que de nombreux hôtels ne comptabilisent aucun supplément ; en revanche, la requête d'un lit d'enfant ou d'un lit supplémentaire gonflera légèrement votre facture.

À prévoir

Même s'il est tentant d'apporter une petite réserve d'articles (notamment les produits pour bébés), sachez que vous trouverez tout le nécessaire à Tenerife. Même en cas d'urgence, il y aura toujours une pharmacie ouverte 24h/24 à proximité, où que vous résidiez sur l'île. Autres informations sur www.lonelyplanet.fr.

À savoir

- À l'office du tourisme, renseignez-vous toujours sur les centres d'intérêt à caractère familial, notamment l'emplacement des aires de jeux et les dates des fêtes traditionnelles (nombreuses, elles sont généralement synonymes de défilés et de châteaux gonflables !).
- Si possible, faites en sorte que vos enfants fassent une sieste : ainsi, ils ne manqueront rien des réjouissances du soir.

Les meilleurs sites

Parque Marítimo César Manrique Un vaste terrain de jeux aquatique à Santa Cruz, avec plusieurs piscines, dont certaines avec peu de profondeur pour les bambins. (p. 35)

Lago Martiánez Autre création de Manrique, à Puerto de la Cruz, ce lac artificiel vise les familles et les jeunes amateurs d'éclaboussures. (p. 69)

Observatorio del Teide Les enfants plus âgés seront ravis d'observer les étoiles à travers le très puissant télescope du Parque Nacional del Teide. (p. 118)

Roques de Garcia Dans le Parque Nacional del Teide, la tranquille balade qui sépare le parking de ces extraordinaires formations rocheuses est adapté aux poussettes – et le dépaysement est garanti ! (p. 117)

Les musées les plus attrayants

Museo de la Naturaleza y el Hombre À Santa Cruz, les reptiles, oiseaux et insectes présentés ici, entre autres créatures, devraient fasciner les enfants et les ados. (p. 24)

Museo Militar de Almeyda Dans ce musée de la capitale, les plus grands auront plaisir à découvrir le canon qui priva l'amiral Nelson de son bras droit ! (p. 36)

Museo de la Historia de Tenerife Il est possible que vos enfants aient envie d'ignorer les salles principales de ce musée de La Laguna, pour aller directement admirer les calèches tout au fond. (p. 48)

Museo de la Ciencia y el Cosmos Un intéressant musée des sciences à La Laguna, avec des expositions pour les enfants de tous les âges. (p. 54)

Observation des animaux marins

Neptuno En général, l'observation des dauphins plaît aux enfants de tout âge ; Los Cristianos. (p. 109)

Travelin' Lady Ce prestataire de Los Cristianos organise de longues excursions en bateau, avec observation des baleines et repas. (p. 97)

Baptêmes de plongée et sports nautiques

Club de Buceo Cet excellent club de Los Cristianos propose des cours de plongée pour les petits. (p. 97)

Vaut le détour

Paradis aquatique à l'étonnante thématique thaïlandaise, le **Siam Park** (902 06 00 00 ; www.siampark.net ; Autopista Sur sortie 28 ; adulte/enfant 34/23 € ; 10h-18h) constitue l'ultime divertissement du sud de Tenerife et s'étend sur quelque 14 hectares. Les attractions vont de la Tower of Power (photo à gauche), en chute presque verticale, jusqu'à la Lost City : un terrain d'aventures pour les plus petits, avec toboggans miniatures, fontaines et piscines.

Envie de... Sports et loisirs

Certes, au plus fort de l'été, vous n'aurez peut-être pas très envie de quitter votre coin de sable ou votre chaise longue. Toutefois, le reste de l'année, sachez qu'il existe quantité d'activités à inscrire à votre programme, de la baignade en mer à la randonnée sur les pentes des volcans.

KAY MAERITZ / LOOK-FOTO/GETTY IMAGES ©

Sur la terre ferme

Avec un temps idyllique garanti presque toute l'année, on ne manquera pas de profiter du grand air. Ici, la marche est l'activité reine (voir p. 136), avec une vaste gamme allant de la balade sur le front de mer à l'ascension du point culminant de l'archipel. L'île compte aussi plusieurs parcours de golf de classe internationale, à réserver sur www.tenerifegolfteetimes.com. Dans les stations balnéaires, les plages sont généralement équipées d'un filet de volley-ball et les clubs de tennis sont toujours plus nombreux ; si vous séjournez dans le Sud, renseignez-vous sur www.tenislasamericas.com. La plupart du temps, le front de mer, pourvu en général d'une piste cyclable, constitue un cadre idéal pour un tour à vélo ou un jogging.

Activités nautiques et sorties en mer

Travelin' Lady Opérateur de Los Cristianos, parfait pour aller observer les baleines. (p. 97)

K-16 Surf Louez une planche ou prenez un cours (ou les deux) dans cette bonne vieille école de surf de Playa de las Américas. (p. 107)

Arona Tenerife Surf Academy Autre adresse réputée à Playa de las Américas, pour parfaire votre maîtrise de la glisse. (p. 106)

Aqua Marina Cet opérateur de Playa de las Américas propose un vaste choix de plongées, dont les baptêmes pour débutants. (p. 106)

Club de Buceo Ce club de plongée, installé de longue date à Los Cristianos, assure même des cours pour les enfants. (p. 97)

Neptuno Au départ de Los Cristianos, une foule d'excursions en bateau, dont une pour observer des baleines. (p. 109)

El Cardumen Un prestataire de Puerto de la Cruz pour la plongée et le parapente. (p. 70)

Spas

Mare Nostrum Un spa luxueux à Playa de las Américas. (p. 106)

Hotel Botánico Un centre de bien-être (voir photo) de Puerto de la Cruz, à la décoration de style thaïlandais et une belle gamme de soins, notamment aux huiles essentielles. (p. 145)

Envie de... Musées

Aux quatre coins de l'île, les musées mettent l'art à l'honneur, mais aussi l'histoire, l'archéologie et l'artisanat, entre autres aspects de la culture locale. Ces institutions sont souvent installées dans des bâtiments historiques, aussi intéressants que leurs collections.

VIEW PICTURES/CONTRIBUTOR/GETTY IMAGES ©

Galeries d'art

Tenerife Espacio de las Artes (TEA) Ce musée d'art moderne, à l'architecture remarquable (photo), met à l'honneur Óscar Domínguez, tenant du surréalisme tinerfiño. (p. 26)

Museo de Bellas Artes Cet ancien couvent de Santa Cruz renferme des toiles de maîtres des écoles flamande et espagnole. (p. 34)

Fundación Cristino de Vera Cette charmante galerie de La Laguna est consacrée à l'œuvre du peintre local Cristino de Vera. (p. 53)

Museo de Arte Contemporáneo Ce musée de Puerto de la Cruz compte des œuvres signées d'artistes aussi emblématiques que Picasso ou Dalí. (p. 68)

Musées

Museo de la Naturaleza y el Hombre Excellent musée de Santa Cruz, avec des pièces consacrées à l'archéologie comme au patrimoine naturel de l'archipel. (p. 24)

Museo de la Historia de Tenerife Une collection éclectique, logée dans un bâtiment d'époque, à La Laguna. (p. 48)

Museo de la Ciencia y el Cosmos Formidable musée des sciences pour les enfants, avec quantité d'expositions interactives ; La Laguna. (p. 54)

Museo Arqueológico Des pièces bien présentées retracent l'histoire de l'île. (p. 69)

Museo de Artesania Iberoamericana Ce musée de La Orotava étudie le lien fascinant entre les Canaries et les Amériques. (p. 83)

Casa del Vino La Baranda Apprenez tout ce qu'il faut savoir sur la production du vin local, dégustation comprise ; El Sauzal. (p. 74)

Casa de los Balcones Ce petit musée folklorique de La Orotava comporte des chambres meublées dans un style du XVIIe siècle. (p. 78)

Museo de las Alfombras Découvrez l'histoire et le processus se cachant derrière ces fabuleux tapis floraux, réalisés pour le Corpus Christi à La Orotava. (p. 85)

Convento de San Francisco Une collection allant de l'archéologie à la sculpture moderne, dans les splendides cloîtres de l'ancien couvent de Garachico. (p. 121)

Carnet pratique

Carnet pratique

Avant de partir

Quand partir

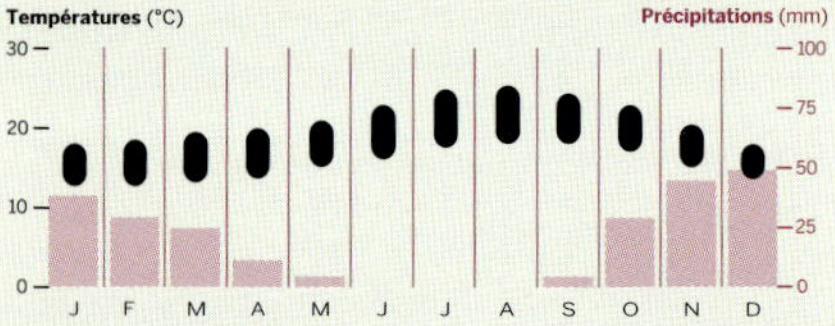

➡ Hiver (décembre-février) Douceur agréable, excepté près d'El Teide – l'accès au volcan est parfois fermé en plein hiver en raison de fortes chutes de neige.

➡ Printemps (mars-avril) Le mois de mars offre les meilleures vagues pour les surfeurs ; c'est aussi une bonne saison pour la randonnée, avec l'éclosion des fleurs sauvages.

➡ Été (mai-septembre) Comptez 11 heures d'ensoleillement par jour, avec une température moyenne de 28°C en août ; le thermomètre chute légèrement en septembre.

➡ Automne (octobre-novembre) Température idéale, autour de 21°C, et touristes moins nombreux ; certains hôtels baissent légèrement leurs tarifs.

Hébergement

☑ **Conseil** Certains hôtels continuent de facturer un forfait quotidien non négligeable pour l'accès Internet. Renseignez-vous avant de réserver.

Sites utiles

Casas Rurales (www.ecoturismocanarias.com). Un choix varié d'hébergements ruraux aux quatre coins de l'île.

Country Houses (www.ruraltenerife.net). Location de maisons typiques des Canaries.

Lonely Planet (www.lonelyplanet.fr). Lonely Planet, en partenariat avec Liligo, vous aide à trouver votre hôtel.

Petits budgets

Hotel Adonis Capital (Santa Cruz ; www.adonisresorts.com). Chambres bien équipées et spacieuses.

Bed & Breakfast La Laguna (La Laguna ; www.bblalaguna.com). B&B

et auberge de jeunesse, équipé de chambres aux couleurs vives et d'un joli patio.

Hotel Sun Holidays (Puerto de la Cruz ; www.hotelsunholidays.com). Chambres magnifiquement équipées et assorties d'un charmant toit-terrasse.

Hotel Andrea's (Los Cristianos ; www.hotelandreas.com). Petit hôtel soigné et doté d'une confortable salle commune avec TV.

Hotel Reveron Plaza (Los Cristianos ; www.hotelesreveron.com). L'hôtel le plus ancien de Los Cristianos ; mobilier traditionnel et gestion familiale.

Catégorie moyenne

Hotel Contemporáneo (Santa Cruz ; ✆ 922 77 02 00). Délicieux hôtel campagnard, agrémenté d'un restaurant.

Hotel Taburiente (Santa Cruz ; www.hoteltaburiente.com). Hôtel de style moderne ; demandez une chambre avec un balcon donnant sur le parc.

Hotel Aguere (La Laguna ; www.hotelaguere.es). Accueillant hôtel patrimonial, où l'on remarque aussi l'étonnant patio central avec verrière.

Hotel Monopol (Puerto de la Cruz ; www.monopoltf.com). Vénérable hôtel, logé dans un splendide édifice du XVIIIe siècle.

Hotel La Quinta Roja (Garachico ; www.quintaroja.com). Manoir restauré du XVIe siècle, avec des chambres disposées autour d'un patio raffiné.

Catégorie supérieure

Hotel-Apartamentos Nivaria (La Laguna ; www.hotelnivaria.com). L'ancienne demeure d'un marquis vous accueille dans des chambres élégantes, avec spa et salle de sports.

Hotel Tigaiga (Puerto de la Cruz ; www.tigaiga.com). Établissement tenu par une famille ; chambres et suites modernes, aussi lumineuses que spacieuses.

Hotel Botánico (Puerto de la Cruz ; www.hotelbotanico.com). Hôtel installé de longue date, où vous profiterez d'un spa et de jardins tropicaux.

Parador de Las Cañadas del Teide (El Teide ; www.parador.es). Une adresse au cœur du parc national, avec de confortables chambres de style rustique.

Arriver à Tenerife

➜ L'île de Tenerife est desservie par deux aéroports, dont l'un, Tenerife Sur, reçoit les vols internationaux.

Tenerife Sur

➜ **Tenerife Sur** (Reina Sofía ; ✆ 922 75 95 10 ; www.aena.es) est à environ 20 km à l'est de Playa de las Ámericas.

➜ Le bus n°343 dessert Playa de las Américas et Los Cristianos (aller 3,70 €, 45 minutes) toutes les 40 minutes environ, avant de poursuivre vers l'aéroport de Tenerife Norte (9,70 €, 50 minutes), tous les jours de 8h25 à 23h.

➡ Pour rejoindre le centre de Los Cristianos et Playa de las Ámericas en taxi, comptez 26 € et 28 € respectivement.

Tenerife Norte

➡ **Tenerife Norte** (Los Rodeos ; ☎922 63 56 35 ; www.aena.es), le plus ancien et le plus petit des deux, est situé en périphérie de Santa Cruz de Tenerife, la capitale. Bien que de taille relativement modeste, il compte de bonnes infrastructures, dont un point de change, plusieurs agences de location de voitures, un bar et un précieux bureau d'information (🕗8h-19h).

➡ Le bus n°102 dessert Santa Cruz de Tenerife toutes les 30 minutes environ, de 12h30 à 23h30 (aller 2,65 €, 20 minutes), avant de poursuivre vers La Laguna (2,45 €) et Puerto de la Cruz (4,75 €). Le bus express n°343 rallie l'aéroport de Tenerife Sur (9,70 €, 50 minutes) toutes es heures environ, de 7h à 21h45.

➡ Pour rejoindre le centre de Santa Cruz en taxi, comptez 20 € environ. Une course jusqu'à Tenerife Sur vous coûtera 70 € environ.

Depuis la France

Au départ de Paris, **Air France** (☎36 54 ; ww.airfrance.fr) assure es vols depuis/vers Tenerife avec une escale, souvent à Madrid (au moins 7 heures de trajet, environ 500 € l'aller-retour). Pour un vol direct (4 heures 15 de vol, à partir de 250 € l'aller-retour), renseignez-vous auprès des compagnies suivantes :

Air Méditerranée (☎0826 460 730, 0,20 €/min + coût d'un appel ; www.air-mediterranee.fr). Vol direct de Roissy-Charles-de-Gaulle à Tenerife-Sur.

Iberia (☎825 800 965 ; www.iberia.com). Vol direct d'Orly à Tenerife-Sur.

Ryanair (www.ryanair.com). Vol direct entre Paris-Beauvais et Tenerife Sur.

➡ Les deux compagnies espagnoles **Vueling** (www.vueling.com) et **Air Europa** (www.aireuropa.com) assurent des liaisons entre Paris et Tenerife avec une escale (Barcelone ou Madrid).

Depuis la Belgique

Au départ de Bruxelles, il est possible de rallier Tenerife en vol direct avec **Condor** (www.condor.com), compagnie du groupe Thomas Cook, et **Jetair Fly** (www.jetairfly.com) – comptez quelque 4 heures 30 de vol.

➡ **Vueling** (www.vueling.com) et **Ryanair** (www.ryanair.com) proposent des vols avec une escale (soit Barcelone, soit Madrid).

Depuis la Suisse

Easyjet (www.easyjet.com) opère une liaison directe entre Genève et Tenerife Sur (environ 300 FS pour 3 heures 20 de vol au mieux).

➡ Les compagnies **Vueling** (www.vueling.com) et **Iberia** (www.iberia.com) assurent des vols au départ de Genève mais avec escale.

Depuis le Canada

Les liaisons aériennes entre Montréal et Tenerife (entre 16 et 26 heures de trajet) comprennent une voire deux escales. Renseignez-vous sur les vols effectués par **KLM** (www.klm.com) et **Iberia** (www.iberia.com), entre autres compagnies.

Comment circuler

Bus

☑ **Idéal pour** voyager à petits prix. Le bus est très bon marché à Tenerife, surtout sur les itinéraires longs.

➡ La première chose à savoir concernant les bus est leur nom canarien – *guagua* (prononcez "*wa-wa*") – même si vous vous ferez comprendre en demandant les *autobuses*. Les bus ne partent pas d'une gare routière dans la plupart des localités, sauf à Santa Cruz. Le départ se fait dans la rue, à proximité d'un kiosque où l'on pourra acheter son billet et se procurer les horaires.

➡ Les bus, gérés par **TITSA** (Transportes Interurbanos de Tenerife SA ; www.titsa.com), couvrent la totalité de l'île. Ils sont rapides, confortables et bon marché. Le site Internet, en espagnol et en anglais, comprend une liste complète d'itinéraires et d'horaires.

Taxi

☑ **Idéal pour** sa facilité.

➡ À l'aéroport, utilisez toujours les taxis officiels, aisément identifiables.

➡ Si vous ne parvenez pas à localiser votre hôtel, demandez à un taxi de vous y conduire.

Tramway

☑ **Idéal pour** voyager entre Santa Cruz et La Laguna, notamment en raison de sa fréquence (toutes les 12 minutes).

➡ Le **Tranvía de Tenerife** (www.metrotenerife.com), qui dispose de deux lignes, est le moyen le plus agréable et confortable de circuler entre Santa Cruz et La Laguna. La ligne 1, la principale, compte 21 arrêts pour une distance de 12,5 km ; elle est reliée à la ligne 2 (3,6 km), qui offre 6 arrêts, dont 2 avec correspondance. La plupart des visiteurs empruntent la ligne 1, qui relie Santa Cruz à Avenida de la Trinidad (à 5 minutes de marche du centre historique de La Laguna).

➡ Vous pouvez prendre un billet à un distributeur automatique : comptez 1,35 € pour un aller, 6 € pour 5 trajets et 45 € pour un forfait mensuel ; notez que les billets ne peuvent être achetés à bord.

➡ Les trams circulent quotidiennement de 6h à minuit ; le trajet de Santa Cruz à La Laguna prend environ 35 minutes.

➡ N'oubliez pas de composter votre billet à bord, sinon vous risquez une amende de 100 €.

Vélo

☑ **Idéal pour** sentir le vent dans ses cheveux, se muscler les mollets et explorer la région à son propre rythme.

➡ Le vélo est une façon extrêmement agréable de découvrir Tenerife ; on pourra louer des VTT et des vélos de ville dans tous les grands complexes et les villes les plus importantes. Comptez au moins 12 € par jour, avec une caution moyenne de 50 €.

➡ Soyez attentif sur les routes. Les pistes cyclables sont hélas peu nombreuses en ville – même si les boulevards en bordure de mer prévoient de plus en plus d'espace pour les vélos – et les conducteurs ne sont pas toujours aussi courtois qu'on pourrait le souhaiter.

Us et coutumes

Au restaurant On conserve habituellement ses couverts entre les plats, sauf dans les établissements haut de gamme.

Dans les églises Ne prenez jamais de photos pendant les offices.

Salutations Les habitants saluent amis et étrangers d'une bise sur chaque joue, même si les hommes ont plutôt tendance à se serrer la main.

Voiture

☑ **Idéal pour** sortir des sentiers battus ; la seule option pour s'éloigner des principaux complexes touristiques et vraiment découvrir l'île.

➡ Il est fortement recommandé de louer une voiture à Tenerife. Bien que de qualité, les liaisons en bus vous limitent par le temps ; seule la voiture vous permettra véritablement d'explorer Tenerife.

➡ Toutes les grandes agences de location internationales sont représentées, ainsi que de nombreux prestataires locaux. Il est inutile de venir avec votre propre véhicule à Tenerife

➡ Pour louer une voiture, vous devrez posséder un permis de conduire, avoir au moins 21 ans, être au moins assuré au tiers et disposer d'une carte bancaire ; comptez à partir de 20 € par jour.

➡ La vitesse est limitée à 120 km/h sur l'autoroute, à 100 km/h sur les quatre-voies, à 90 km/h sur les routes de campagne, à 50 km/h dans les agglomérations et à 20 km/h dans les zones résidentielles.

➡ En général, il est impossible de transférer une voiture de location d'une île à l'autre. Avec ses bureaux situés dans tout l'archipel, la compagnie canarienne Cicar (www.cicar.com) fait exception à la règle.

➡ Réservez votre voiture en ligne avant de partir : cela vous permettra de la louer à moindre coût et d'éviter de vous retrouver sans véhicule (ce qui peut arriver en haute saison).

➡ Moins taxée, l'essence (*gasolina*) coûte nettement moins cher à Tenerife que dans le reste de l'Espagne. Le sans plomb (*sin plomo*) et le diesel (*diesel*), qui comptent deux variétés, sont disponibles partout.

Infos pratiques

Argent

Cartes bancaires

Elles sont acceptées dans la plupart des hôtels, des restaurants et des magasins ; vous devrez peut-être présenter un passeport ou une pièce d'identité avec photo.

Change La monnaie est l'euro (€). Des bureaux de change, utiles pour les Canadiens ou les Suisses, sont disponibles dans les aéroports et les grands ensembles touristiques. Si leurs horaires sont plus étendus que dans les banques, le taux de change est généralement moins intéressant.

Distributeurs automatiques de billets (DAB) Les distributeurs sont largement répandus. Les retraits d'espèces à l'étranger font en général l'objet de frais.

Pourboire Menue monnaie au restaurant ; arrondissez à l'euro supérieur dans les taxis.

Cartes de réduction

☑ **Conseil** Pour bénéficier d'une réduction, il est indispensable de disposer d'une pièce d'identité avec photo.

- Les seniors de plus de 60 ou 65 ans (selon l'endroit) bénéficient en général de réductions dans les musées et autres sites d'intérêt, voire dans les transports.
- Une réduction de 50% est habituellement accordée aux étudiants.

Désagréments et dangers

☑ **Conseil** En cas de vol, faites une déclaration à la police dans les 24 heures. À défaut, votre assurance pourrait ne pas vous couvrir.

- Ne laissez pas d'objets de valeur visibles à l'intérieur de la voiture.
- Refusez poliment de participer à tout jeu à gratter dans la rue : la plupart sont prétextes à des escroqueries à la copropriété.
- Au restaurant, vérifiez que l'addition correspond bien à ce que vous avez consommé.
- Surveillez votre portefeuille dans les endroits animés, tels les marchés en plein air.

Astuces pour économiser

- Guettez les sites proposant un accès libre, souvent le premier dimanche du mois.
- Le midi, commandez le *menú del día* au restaurant.
- Demandez de l'eau du robinet (*un vaso de agua del grifo*), plutôt que son équivalent en bouteille.

Électricité

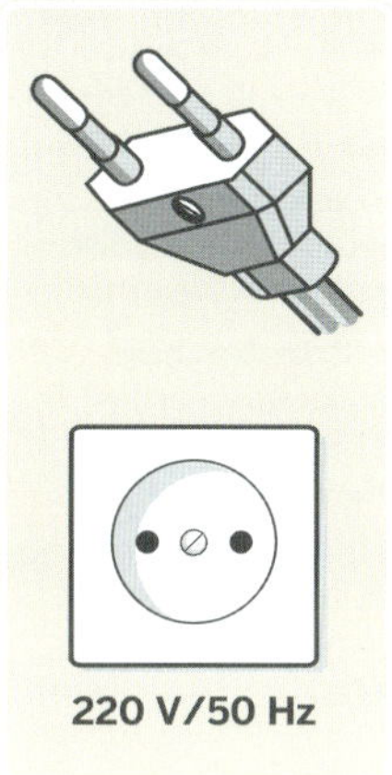

Formalités et visas

UE et pays de la zone Schengen Aucun visa requis.

Canada Pas de visa requis pour les séjours touristiques inférieurs à 90 jours.

Autres pays Renseignez-vous auprès d'une ambassade ou d'un consulat d'Espagne.

- Pour travailler ou étudier à Tenerife, un visa spécifique peut être requis : contactez une ambassade ou un consulat d'Espagne avant de partir.

Handicapés

➡ La plupart des hôtels et de plus en plus de restaurants sont adaptés aux fauteuils roulants.

➡ Bus et tramways sont équipés pour accueillir les fauteuils roulants.

➡ Certains musées sont équipés de touches en Braille dans les ascenseurs.

➡ Les stations balnéaires de la côte méridionale disposent en général d'excellents équipements, notamment de fauteuils amphibies.

Mobility Abroad (www.mobilityabroad.com). Société internationale connue de longue date, avec plusieurs points de location de scooters électriques à Tenerife.

Heures d'ouverture

☑ **Conseil** Hormis dans les localités balnéaires, les magasins ferment généralement de 13h30 à 17h pour garantir aux habitants la *siesta*.

Ce guide liste les heures d'ouverture classiques, pratiqués en haute saison (généralement moins étendus le reste de l'année) :

Banques 8h30-14h du lundi au vendredi

Bars 19h-minuit

Poste 8h30-20h30 du lundi au vendredi, 9h30-13h le samedi (villes importantes) ; 8h30-14h30 du lundi au vendredi, 9h30-13h le samedi (dans le reste de l'île)

Restaurants 13h-16h et 20h-tard le soir (ouverture plus tôt dans les complexes du Sud)

Magasins 10h-14h et 17h-21h du lundi au vendredi, 10h-14h le samedi

Supermarchés 9h-21h du lundi au vendredi

Jours fériés

De nombreux magasins et sites ferment leurs portes ou pratiquent des horaires réduits les jours suivants :

Año Nuevo (Nouvel An) 1er janvier

Día de los Reyes Magos (Épiphanie) 6 janvier

Viernes Santo (Vendredi saint) mars/avril

Fiesta del Trabajo (fête du Travail) 1er mai

La Asunción de la Virgen (Assomption) 15 août

Día de la Hispanidad (Fête nationale) 12 octobre

Todos los Santos (Toussaint) 1er novembre

La Inmaculada Concepción (fête de l'Immaculée Conception) 8 décembre

Navidad (Noël) 25 décembre

En outre, les autorités régionales et locales accordent respectivement cinq et deux jours fériés supplémentaires :

Martes de Carnival (Mardi gras) février/mars

Día de San Juan (Saint-Jean) 19 mars

Jueves Santo (Jeudi saint) mars/avril

Día de las Islas Canarias (fête des îles Canaries) 30 mai

Corpus Christi (le jeudi qui suit le huitième dimanche après le dimanche pascal) juin

Día de Santiago Apóstol (fête de l'apôtre Jacques, saint patron de l'Espagne) 25 juillet.

À Santa Cruz de Tenerife, ce jour commémore également la défense de la ville face aux forces britanniques de l'amiral Nelson.

Día de la Constitución (fête de la Constitution) 6 décembre

Offices du tourisme

L'**Oficina de Turismo** (www.todotenerife.es) compte des offices dans les villes principales et complexes de toute l'île.

Santa Cruz de Tenerife (plan p. 32, D3 ; ☎922 23 95 92 ; www.todotenerife.es ; Plaza España ; 9h-18h lun-ven, 9h30-13h30 sam)

Puerto de la Cruz (plan p. 66 ; ☎922 38 60 00 ; www.todotenerife.es ; Casa de la Aduana, Calle Lonjas ; 9h-20h lun-ven, 9h-17h sam-dim)

La Laguna (plan p. 52 ; ☎922 63 11 94 ; www.todotenerife.es ; Calle Carrera 7 ; 9h-20h lun-ven, 9h-14h sam-dim)

La Orotava (plan p. 82 ; ☎922 32 30 41 ; www.todotenerife.es ; Calle Calvario 4 ; 9h-17h lun-ven)

Los Cristianos (plan p. 96 ; ☎922 75 71 37 ; www.arona.org ; Centro Cultural, Plaza Pescador 1)

Playa de las Américas (plan p. 104 ; ☎922 79 76 68 ; Centro Comercial City Center, Avenida Rafael Puig Lluvina)

Téléphone

➡ Pour appeler l'étranger depuis Tenerife, composez le 00, puis l'indicatif du pays (33 pour la France, 32 pour la Belgique, 41 pour la Suisse, 1 pour le Canada), puis le numéro du correspondant à 8 ou 9 chiffres sans le 0 initial.

➡ Pour appeler Tenerife, composez le 00, suivi du 34 et du numéro du correspondant à 9 chiffres.

Téléphones portables

Les cartes SIM locales, disponibles partout, peuvent être utilisées avec les mobiles européens et australiens. Avec les autres, il faudra peut-être activer le service d'itinérance (attention aux frais supplémentaires).

Indicatif téléphonique International (☎00)

Indicatif des Canaries (☎34 ; comme pour le reste de l'Espagne)

Numéro vert (☎900)

Toilettes

On trouve très peu de toilettes publiques à Tenerife. Le plus simple est d'entrer dans un bar ou un café et d'utiliser les sanitaires. Il est toujours bien vu de commander quelque chose avant ou après, même si l'on ne vous en voudra guère dans le cas contraire. À défaut, vous pouvez proposer une pièce, un geste qui sera apprécié quoique généralement décliné. À noter qe certains établissements moins généreux, dans les régions les plus touristiques, placardent des écriteaux précisant que les toilettes sont réservées aux clients.

Urgences

Ambulance (☎061)

Numéro européen d'urgence médicale (☎112)

Pompiers (*bomberos* ; ☎080)

Police nationale (☎062)

Police locale (☎092)

Langue

À Tenerife, on parle l'espagnol (*español*) – souvent désigné sous le terme de *castellano* (castillan) pour le distinguer des autres langues parlées en Espagne. Les Espagnols apprécient que les visiteurs fassent l'effort de parler leur langue, même si ceux-ci le comprennent imparfaitement.

La majorité des sons espagnols existent aussi en français. Les personnes maîtrisant l'espagnol remarqueront la musique andalouse, voire sud-américaine, de la variante canarienne – le "lla" se prononce "ya", tandis que le "z" et le "c", normalement prononcés avec la langue entre les dents, sonnent davantage comme un "esse" (la lettre "s" étant pour sa part presque muette). Si vous suivez nos indications de prononciation (les syllabes accentuées sont signalées en italique), vous vous ferez comprendre sans problème.

Pour enrichir votre séjour, procurez-vous le guide de conversation bilingue franco-espagnol de Lonely Planet (voir le site **lonelyplanet.fr**).

Expressions courantes

Bonjour.	*Hola.*	o·la
Au-revoir.	*Adiós.*	a·*dios*
Comment allez-vous ?	*¿Qué tal?*	ké tal
Bien. Et vous ?	*Bien, gracias.*	bienne *gra*·sias
S'il vous plaît.	*Por favor.*	por fa·*vor*
Merci.	*Gracias.*	*gra*·sias
Excusez-moi.	*Perdón.*	per·*donne*
Désolé.	*Lo siento.*	lo *sienne*·to
Oui./Non.	*Sí./No.*	si/no
Parlez-vous français ?	*¿Habla francés?*	a·bla (fran·cès)
Je ne comprends pas.	*(Yo) no entiendo.*	(yo) no en·*tienne*·do
Comment vous appelez-vous ?	*¿Cómo se llama?*	ko·mo sé *lia*·ma
Je m'appelle...	*Me llamo...*	mé *lia*·mo...

Au restaurant et au café

Que me conseillez-vous ?	*¿Qué recomienda?*	ké ré·ko·*mien*·da
Santé !	*¡Salud!*	sa·*lou*
C'était délicieux !	¡Estaba buenísimo!	esse·*ta* ba·bwé·*ni*·si·mo
L'addition, s'il vous plaît.	La cuenta, por favor.	la *kwenne*·ta por fa·*vor*

Je voudrais...	Quisiera...	ki·*sié*·ra...
un café	*un café*	oun ka·*fé*
une table pour deux	*una mesa para dos*	ou·na *mé*·sa *pa*·ra dos
deux bières	*dos cervezas*	dos ser·*vé*·sas

Shopping

Je voudrais acheter...	*Quisiera comprar...*	ki·*sié*·ra kom·*prar*...
Puis-je le voir ?	*¿Puedo verlo?*	*pwé*·do *ver*·lo

Combien ça coûte ?
¿Cuánto cuesta? — *kwan*·to *kwes*·ta

C'est très cher.
Es muy caro. — esse moui *ka*·ro

Pouvez-vous baisser un peu le prix ?
¿Podría bajar un poco el precio? — po·*dri*·a ba·*rhhhar* oun *po*·ko el *pré*·sio

Je regarde juste.
Sólo estoy mirando — *so*·lo esse·*toï* mi·*ran*·do

Urgences

Au secours !
¡Socorro! — so·*ko*·ro

Appelez un médecin !
¡Llame a un médico! — *lia*·mé a oun *mé*·di·ko

Appelez la police!
¡Llame a la policía! — *ya*·mé a la po·li·*si*·a

Je suis perdu(e).
Estoy perdido / perdida — esse·*toï* per·*di*·do/ per·*di*·da

Je suis malade.
Estoy enfermo/ enferma — esse·*toï* en·*fer*·mo/ en·*fer*·ma

Heure et nombres

Quelle heure est-il ?
¿Qué hora es? — ké o·ra esse

Il est (10h).
Son (las diez). — son (las diès)

matin	*mañana*	ma·*nia*·na
après-midi	*tarde*	*tar*·dé
soir	*noche*	*no*·tché
hier	*ayer*	a·*yère*
aujourd'hui	*hoy*	oï
demain	*mañana*	ma·*nia*·na

1	*uno*	*ou*·no
2	*dos*	dosse
3	*tres*	tresse
4	*cuatro*	*kwa*·tro
5	*cinco*	*sin*·ko
6	*seis*	seïs
7	*siete*	*sié*·té
8	*ocho*	*o*·tcho
9	*nueve*	*nwé*·vé
10	*diez*	diesse

Transports et orientation

Où est...?
¿Dónde está...? — *don*·dé es·*ta*...

Où est la gare ?
¿Dónde está la estación? — *don*·dé es·*ta* la esse·ta·*sion*

Quelle est l'adresse ?
¿Cuál es la dirección? — kwal esse la di·rek·*sionne*

Pouvez-vous me montrer (sur le plan) ?
¿Me lo puede indicar (en el mapa)?
me lo *pwé*·dé in·di·*kar* (en el *ma*·pa)

Je veux aller à...
Quisiera ir a... — ki·*sie*·ra ir a...

À quelle heure arrive/part-il ?
¿A qué hora llega/sale?
a ké o·ra *lié*·ga/*sa*·lé

Pouvez-vous me prévenir quand nous arrivons à...
¿Puede avisarme cuando lleguemos a...?
pwé·dé a·vi·*sar*·mé kwanne·do lié·*gé*·mos a...

Je souhaite descendre ici.
Quiero bajarme aquí.
kié·ro ba·*rhhhar*·mé a·*ki*

En coulisses

Vos réactions ?

Vos commentaires nous sont très précieux pour améliorer nos guides. Notre équipe lit vos lettres avec la plus grande attention et prend en compte vos remarques pour les prochaines mises à jour. Pour nous faire part de vos réactions, prendre connaissance de notre catalogue et vous abonner à notre newsletter, consultez notre site Internet : **www.lonelyplanet.fr**

Nous reprenons parfois des extraits de notre courrier pour les publier dans nos guides ou sites Web. Si vous ne souhaitez pas que vos commentaires soient repris ou que votre nom apparaisse, merci de nous le préciser. Notre politique en matière de confidentialité est disponible sur notre site Internet.

Un mot de l'auteur

J'aimerais remercier le serviable personnel des offices du tourisme locaux, ainsi que Jorge Gonzalez, mon très précieux contact à Tenerife. Merci également à Lorna Parkes, à toute l'équipe Lonely Planet ayant collaboré à ce titre, à mes amis *malagueños* pour leurs contacts et leurs conseils inestimables, et à Robin Chapman pour avoir veillé sur Marilyn (le chat).

Crédits photographiques

Photographie de couverture :
La Orotava, Puerto de la Cruz et El Teide ; Olimpio Fantuz/4Corners.

À propos de cet ouvrage

Cette 1re édition française de *Tenerife en quelques jours* est une traduction-adaptation de la 1re édition du guide en anglais *Pocket Tenerife*, de Lonely Planet, écrit par Josephine Quintero.

Traduction
Hélène Demazure et Pierre-Yves Raoult

Direction éditoriale
Didier Férat

Coordination éditoriale
Bénédicte Houdré

Responsable prépresse
Jean-Noël Doan

Maquette
Gudrun Fricke

Cartographie
Cartes originales adaptées en français par Caroline Sahanouk

Couverture
Adaptée en français par Sébastienne Ocampo.

Merci à Marjorie Bensaada pour sa relecture attentive et à toute l'équipe du bureau parisien. Merci aussi à Andy Nielsen, Darren O' Connell, Chris Love, Sasha Baskett, Angela Tinson, Jacqui Saunders, Ruth Cosgrave et Glenn van der Knijff du bureau Lonely Planet de Melbourne et à Clare Mercer, Joe Revill, Sarah Nicholson et Luan Angel du bureau de Londres.

Index

Voir aussi les index des rubriques :

Prendre un verre p. 157

Se restaurer p. 158

Shopping p. 158

Sortir p. 159

Références des **sites**
Références des **plans**

Références des **sites**
Références des **plans**

Prendre un verre

Se restaurer

Shopping

Références des **sites**
Références des **plans**

Sortir

L'auteure

Josephine Quintero

Josephine ne jure que par l'Espagne, où elle vit depuis plus de vingt ans. Elle a visité Tenerife à plusieurs reprises et co-écrit trois éditions du guide *Canaries*, ainsi que de nombreux autres titres pour Lonely Planet. Elle emport toujours ses chaussures de randonnée à El Teide, mais n'en revient pas moins lestée de quelques kilos, la faute à ces irrésistibles pommes de terre à la sauce *mojo* ! Parmi les temps forts de son séjour, citons les œuvres évocatrices du musée TEA de Santa Cruz, les hameaux des monts Anaga (qui comptent souvent plus de chèvr que d'êtres humains), le pèlerinage dominical à la basil de Candelaria ou encore les concerts de musique latin à Puerto. Pour en savoir davantage sur Josephine : lonelyplanet.com/members/josephinequintero.

Tenerife en quelques jours
1e édition
Traduit et adapté de l'ouvrage *Pocket Tenerife, 1st edition, February 2016*

Dépôt légal Mars 2016
ISBN 978-2-81615-411-5
Imprimé par L.E.G.O. Spa (Legatoria Editoriale Giovanni Olivotto), Italie

En Voyage Éditions | un département | place des éditeurs